歷史

經典導讀

國立臺灣師範大學文學院 策畫

葉高樹 主編

周樑楷、陳國棟、陳正國
陳熙遠、楊肅獻、陳元朋 合著
邱德亮、蔣竹山、李尚仁

五南圖書出版公司 印行

《經典七十・歷史經典導讀》序

　　2016年為配合師大七十週年校慶，文學院前任院長陳登武教授規劃了「經典七十・人文閱讀」的活動，以兩年時間邀請專家學者導讀七十本經典書籍，並製作成影片以推廣這七十本書籍。經典書籍的選取首先由文學院各系所提供書單，再邀請校內委員討論後選定七個主題、七十本人文經典書單。選定的七個主題依序為「世界思潮經典」、「歷史經典」、「臺灣經典」、「地理經典」、「文學經典㈠」、「文學經典㈡」以及「國學經典」導讀。透過課程規劃、經典閱讀演講、線上影片課程、活動和出版等管道推動人文經典閱讀。

　　本書為經典七十系列之第二大主題「歷史經典」，共包含九本經典書籍的導讀內容，分別邀請周樑楷老師導讀《歷史研究》、陳國棟老師導讀《康熙自剖》、陳熙遠老師導讀《叫魂：乾隆盛世的妖術大恐慌》、陳正國老師導讀《歷史定論主義的窮困》、楊肅獻老師導讀《羅馬帝國衰亡史》、陳元朋老師導讀《食物的歷史》、邱德亮老師導讀《製作路易十四》、蔣竹山老師導讀《哥倫布大交換》以及李尚仁老師導讀《瘟疫與人》。

　　此系列歷史思潮的經典書籍，透過專家學者的導讀紀錄，可以讓讀者深入體會書中文字的精華，探索經典的深厚底蘊，引領讀者去涉獵歷史經典書籍。此系列導讀活動意義深遠，而本書的出版，記錄了專家導讀的精髓，同時也見證了每一位導讀者的用心及專業。

在此要特別感謝規劃及參與此經典導讀計畫的所有老師、本書主編葉高樹老師及協助整理資料的兩位助理旻潔及惟理，因為大家的努力，才有這本書的出版。

國立臺灣師範大學文學院院長

陳秋蘭 謹誌

編者序

　　「經典七十‧人文閱讀」是文學院前任院長陳登武教授為提升人文素養所推動的大型計畫，「歷史經典導讀」則是繼「世界思潮經典導讀」之後的第二個系列演講課程。本書收錄的九篇文章，即是由受邀擔任經典導讀的學者專家的講稿改寫而成。

　　「歷史經典導讀」系列演講，率先登場的是本校歷史系兼任教授周樑楷教授：「湯恩比的史觀與形上思維」，導讀湯恩比的《歷史研究》。周老師開宗明義指出，要了解湯恩比的學問和形上思維，必須從英國傳統人文教育的背景切入；要閱讀《歷史研究》，必須回到1950、1960年代的時代脈絡裡，留意他看問題的角度。湯恩比反對以「國家」作為歷史的單位、以「歐洲中心論」或其他各種中心論觀看歷史，並以含有陰陽辯證形上思想的「挑戰與反應」說，來說明世界史以及各個文明的興衰。周老師也建議讀者：「第一、切忌先入為主以專業史家的心態作為絕對標準。第二、要有心建構一套個人的形上思維及歷史意識」，有了這兩種心理準備，而後細心反思湯恩比的學說，這本書就值得一讀。

　　中央研究院歷史語言研究所陳國棟教授以「史景遷與康熙皇帝的『自傳』」為題，導讀史景遷教授用康熙皇帝第一人稱的方式探討這位皇帝於公於私的種種——*Emperor of China: Self-Portrait of K'ang-Hsi*（《康熙自剖》）。陳老師對於本書的成書背景、資料來源、組織結構、寫作風格等方面，有深入的分析；並透過「人生告白」、「七個年代」兩個子題，幫助我們了解原書第六章"Valedictory"中，史景遷在詮釋康熙五十六年（1717）康熙皇帝「口諭」時的用心，以及史景遷研究康熙皇帝的相關成果。史景遷的著作不談史觀、不談歷史解釋，而是透

過他的文筆讓讀者建構自己的知識與理解，因此對於這本「自傳體」的經典，陳老師提醒讀者：「一定要站在第一人稱的立場去想像與體會，才能感受康熙皇帝生活的韻律與心理的翻騰。」

中央研究院歷史語言研究所陳熙遠教授「從妖術到治術：《叫魂：乾隆盛世的妖術大恐慌》的一種讀法」，先從孔復禮教授的學術成就，以及《叫魂》一書從「故事」入手並從中挖掘出深層歷史問題的寫作策略進入主題。繼之，分就書中討論的「割辮」案引起的社會恐慌、隱藏在「盛世」虛名下的危機、民間「妖術」對國家權威的危害、皇帝對「妖術」的清剿與整飭吏治，以及政治罪與官僚君主制等重要議題進行解析，一方面提示作者的論證要旨；另一方面，則引導讀者作延伸思考。最後，陳老師強調，孔教授的研究脈絡及其最具啟發之處，「在於引領西方的中國研究，打破原本具有殖民心態或西方優越觀的『漢學』窠臼，回歸到『史學』的正途，正視中國的歷史文明為人類歷史文明的重要組成」。

中央研究院歷史語言研究所陳正國教授「歷史邏輯與歷史研究的態度——一個自由主義的觀點」，從歷史文獻和廣義的自由主義兩個脈絡，來解讀卡爾·波普爾《歷史定論主義的窮困》這部屬於科學哲學的著作。歷史定論主義代表歐洲十八世紀晚期以來理性主義的傳統，以及對人類智識發展的樂觀主義，波普爾則代表西方自由主義思想傳統。他所要批評的，是歷史定論主義者認為人類歷史發展有一種必然性，而他們追問歷史現象背後的實在或本質，以及歷史應該做大規模的預測，這些看法都是錯誤的，因為不能忽略人的特殊性、人的因素。陳老師特別指出，如果歷史定論主義者是把歷史化約了，把歷史化約成一種單線的進步、概化，他其實是化約了人性；事實上，人很難被化約。

臺灣大學歷史系楊肅獻教授「吉朋史學的現代性：《羅馬帝國衰亡

史》的解析」，導讀這部自1776年第一卷出版以來，即逐漸奠定其在文、史領域經典地位的巨構。楊老師以吉朋寫書的動機、早年經歷與學術訓練，及其從構思到告竣的歷程，闡述一位「羅馬帝國的歷史家」的誕生；進而析論《衰亡史》的敘事架構、研究方法和資料來源，並以書中的「註腳」為例，說明吉朋史學方法的獨到之處，以及其中展現的歷史思維。對於讀者所關心的吉朋對帝國衰亡原因的解釋，楊老師認為，更應該將閱讀的重點放在「他如何描述羅馬帝國的衰亡過程」。至於吉朋及其著作的現代學術意義，楊老師則以「以近代人而投入完整、真實的古代史」研究的第一人，以及「近代式歷史寫作的開始」，作為吉朋的學術影響的註腳。

東華大學歷史系陳元朋教授「飲食歷史的書寫範例：從Armesto的《食物的歷史》談起」，導讀《食物的歷史》。全書分為八章，根據作者阿梅斯托的說法，是代表了人類飲食行為上的八大革命，包括：烹飪的發明、食物的儀式和魔法、畜牧革命、農業革命、食物和階級、飲食界限的消失、食物的生態交流，以及食物在生產、加工乃至運銷的工業化趨勢；主要是在全球性的視野下，將「食物史」納入世界史的範疇，探討食物、人類、自然三者的互動，平等處理有關食物的生態、文化和烹飪各方面的概念。陳老師另闢蹊徑地以傳統中國史學的體例進行解析，指出本書是具有「綱目」意味的飲食議題「編年史」，而以「跨學科」的研究方法與策略，呈現一部範圍廣泛、關係複雜，且貫通人類飲食行為的歷史。

交通大學社會與文化研究所邱德亮教授「路易十四的『製作』：再論法國王權的再現力量」，導讀以傳播史的研究取徑，重視象徵形式的製造與傳播、接收過程的《製作路易十四》。彼得‧柏克透過不同的素材來探討路易十四所要傳達的絕對王權的訊息，雖然可以視之為分析

十七世紀路易十四時代的「造神運動」，但是邱老師另從「再現」的角度，就呈現活生生的權力與效應，以及透過「展演」以傳達某種特定的用意，來分析法國絕對王權如何將自身建構成一個合法與權威的主體。因此，絕對王權的再現力量，展現在各個面向，是一種權力展演的形式，可以利用表演、肖像畫其他任何形式，只要能再現國王或國家的權力，都有這種「再現」的力量，當更貼近路易十四的「製作」的本意。

　　蔣竹山教授「物種交流與全球史：從《哥倫布大交換》談當代史學的『全球轉向』」，蔣老師蒞臨演講時，任教於東華大學歷史系，現已轉至中央大學歷史研究所。作者克羅斯比的出發點，是從生態環境的角度來探究歐洲興起和擴張的過程，而哥倫布帶給世界最大的改變，則是物種的交流；這本書在1972出版之初，因為觀點太新，並未受到重視，卻影響了日後許多類似主題的作品。蔣老師導讀的重點，是現今市場主流的「大歷史」書寫，並分別就環境視角、帝國觀點、物的交流、比較史等面向，介紹許多相關著作，進而指出《哥倫布大交換》是在「環境」和「物的交換」兩個不同的研究視角間切換。至於《哥倫布大交換》在30年後再次受到重視，則是歷史學出現的「全球轉向」的趨勢使然。

　　中央研究院歷史語言研究所李尚仁教授「重讀《瘟疫與人》：疾病史研究的回顧」，導讀麥克尼爾以生物推論到人口、軍事征服，再推演至政治、文化與宗教的思考理路的疾病大歷史著作《瘟疫與人》。李老師指出，書中的討論借用不少現代生物學與醫學的理論、術語和概念，似乎是建立在自然科學知識之上，但是歷史學家無法進行流行病學調查或微生物學檢驗，其實頗受史料的限制。因此，近年歷史學界將研究重點置於社會文化、政治經濟與宗教信仰如何形塑當時的人對疾病的瞭解與反應。雖然《瘟疫與人》若干大膽論點引發許多批評，例如：是否以

環境決定論或地理決定論的觀點來解釋人類歷史等等，但是這些爭議本身就構成了疾病史研究必須注意的方法討論，故其影響實不容忽視。

　　本書是「經典七十‧人文閱讀」的成果記錄，感謝應允受邀演講的師長們提供精彩且深具啓發的導讀內容，並感謝陳秋蘭院長大力支持，以及助理惟理的協助，使出版工作能順利完成。

CONTENTS
目　錄

壹
湯恩比的史觀與形上思維

周樑楷

臺灣師範大學歷史學系兼任教授

一、前言

提到湯恩比，首先得提醒各位，英國的史學界有兩個人都叫做阿諾・湯恩比（Arnold Toynbee）。因為同名同姓，所以一般人會混淆。湯恩比這個家族較早出生的長者湯恩比（1852-1883）在三十一歲很年輕時就過世了。在他之後，家族第一個出生的男孩就以叔叔為名，作為懷念。晚輩阿諾・湯恩比，於1889年出生，1975年高壽過世。

長輩湯恩比最早使用「工業革命」（the Industrial Revolution）這個名詞。他於牛津大學畢業後，留任該校教書，主講早期英國工業革命的起源和影響。過世後，他的門生把講義筆記整理出版。這本書臺灣早就有中譯本，屬於臺灣銀行的系列叢書，書名叫做《工業革命史講稿》（*Lectures on the Industrial Revolution of Eighteenth Century in England*）。這位長輩湯恩比，政治立場屬於自由主義的左翼，深深同情工人的處境。身為史家，在世僅僅三十一個歲月，而能流傳一本書和創立一個專有名詞，頗為難能可貴。〔參見周樑楷（2017）。**從湯恩比到霍布斯邦：英國左派史家的世紀**。臺北：商周出版社。〕

我們今天討論晚輩湯恩比和他的名著《歷史研究》（*A Study of History*）。湯恩比年輕時，主修古希臘史。這門學問從十九世紀末到二十世紀初之間，也就是湯恩比求學期間，仍然屬於liberal arts，內容比較宏觀博雅，與我們今天的文學院及各大學歷史系追求專精不太一樣。從英國傳

統人文教育的背景，我們才能了解湯恩比的學問和形上思維。

二、湯恩比及其《歷史研究》

　　首先談談爲什麼湯恩比撰寫如此大部頭的史書呢？他的問題意識及大哉問是什麼呢？其中緣起得溯源自第一次世界大戰爆發那一年。

　　1914年八月間，湯恩比研讀古希臘史家修昔提底斯（Thucydides, 460 B.C.-395 B.C.）的《伯羅奔尼薩戰爭史》（*The History of the Peloponnesian War*）。這本經典史書，敘述希臘城邦紛紛捲入以斯巴達和雅典爲主的希臘「內戰」。就歐洲觀點來說，1914年到1918年的這場「歐戰」其實也是場「內戰」，所以引發湯恩比古今類比。

　　到了1921年，戰爭結束後不久，湯恩比乘坐火車，跨越巴爾幹半島的山區，望眼窗外，處處廢墟，滿目瘡痍，再度聯想人類文明（civilization）及文化（culture）興亡的深層問題。簡單地說，戰爭與災難激發他的寫作動機。他的自白，好比十八世紀有位英國史家也因爲置身千古廢墟之中，而喚起國家衰亡的幽思。那就是愛德華・吉朋（Edward Gibbon, 1737-1794），以及他的《羅馬帝國衰亡史》，（*The Decline and Fall of the Roman Empire*）。

　　湯恩比一生的志業完全投入著述立說。1954年，《歷史研究》先後已經出版十冊。由於大部頭的套書讀之不易，所以在1957年有人把前六冊改寫成單行本。之後，湯恩比本人在1959年和1961年之間又出版一本回顧性的書籍。1972年，到了83歲高齡，還不忘初衷，大幅修訂原作，改寫成今天各位手中的《歷史研究》，臺灣及中國先後都有中譯本。

　　早在1951年，臺灣學術界已經有人介紹湯恩比了。當年在臺大任教的張貴永教授發表演講，評介湯恩比的思想。（地點在臺灣省參議會，即今天臺北市的中山堂）。1957年英文版單行本剛出版不久，中譯本也問世，可惜譯文生澀難懂。

　　值得一提的是，湯恩比本人曾經受邀訪問臺灣，場面不小。1967年海峽兩岸的局勢，中國正展開文化大革命，山雨欲來風滿樓。對岸反傳

統，此岸來個正邪對比，推行中華文化復興運動。臺灣當局之所以邀請湯恩比，想來與他推崇中國文明有關，符合中華文化復興運動的政策。當時，先後有兩位鼎鼎大名的英國史家備受臺灣學術及政治界歡迎，除了湯恩比，另一位也是撰寫大部頭套書推崇中國文化，著有《中國科學及文明》（*Science and Civilisation in China*）的李約瑟（Joseph Needham, 1900-1995）。之後零零星星的，偶爾有人討論湯恩比，其中如：政治大學歷史系閻沁恒教授曾經出版專書，研究湯恩比的史觀。

從1960年代到二十一世紀的今天，在歷史系及學院派的圈子裡，講史學理論或西洋史學史的課程可以隻字不提湯恩比，也不至於遭受孤陋寡聞之譏。換個角度來說，湯恩比其人及其作品儘管盛名如雷貫耳，但是近幾十年來史學界多半認為他「非我族類」，根本沒有資格進入專業史學的殿堂。一般專業史家認為，湯恩比雖然學識博雅，但是偏重「玄想」，應該歸類為歷史哲學或形上學，大可敬而遠之足矣。這是為什麼今天年輕世代的學子鮮少有人聽說湯恩比。學術行情既然如此，今年臺灣師範大學文學院主辦「經典作品導讀」，指定閱讀《歷史研究》，似乎炒冷飯，但是溫故知新，自有道理。且讓我們順著時序從1970年代說起。

從1960年代末期到1970年代初期，世界各地左派思想及社會運動興起。湯恩比先是被定位為文化保守主義者，思想觀點不合時宜。接著，到了1980年代，後現代主義（postmodernism）對「歷史」這門學問不斷提出挑戰、質疑，甚至全盤否定，有意連根拔起。其中例如李歐塔（Jean-François Lyotard, 1924-1998），曾對「大歷史」及「大敘述」提出批評。在後現代主義的衝擊之下，不僅湯恩比，任何大敘述的作者似乎人人失去立足點。

可是到了1989年末期之後，全世界的局勢又掀起巨大浪濤。除了國際政治許多共產國家瓦解，全球化（globalization）的概念也隨之興起。按歷史事實來說，全球化的現象自古以來已經發生，不足為奇。可是把全球化當作「概念」來思考，大約在1980年代末期至1990年代初期才盛行。推究其因，我個人比較喜歡從「文化與社會」的整體結構入手，強調

1990年代以來「高科技—金融—資本主義社會的體制」獨霸世界，明顯造成全球化的影響。各位不妨留意一下，大約就在這時候彼消我長，後現代主義逐漸退潮。到了二十一世紀的今天，屬於大敘述的、全球化的史書反而大量出籠，令人目不暇給。在這種契機之下，重新閱讀湯恩比這本有關世界史的鉅著，或許可以檢視他的形上思維及歷史思維在二十一世紀仍有什麼參考價值。

三、歷史的單位和文明的模式

　　我們閱讀《歷史研究》，首先必須把這套世界史書放回1950、1960年代的時代脈絡裡，留意湯恩比從什麼角度觀看歷史？他對時下流行的史學思想有什麼「破」？湯恩比在書中，清楚的表示，反對以「國家」（nation-state）當作歷史的單位。除外，也反對以「歐洲中心論」（Eurocentrism）或其他各種中心論觀看歷史，包括單軌式的、線性的和進步史觀。他之所以批評這些觀點，主要與他寫作期間的背景有關。從兩次大戰的戰間期一直到第二次大戰結束之後的這幾十年，他眼看各種大大小小的衝突幾乎都和國家主義有關。湯恩比反戰，為了釜底抽薪，主張人們應跳脫國史論述及國家主義（nationalism）的禍根。

　　同時，湯恩比對從十九世紀末開始興起的「專業史學」頗有微詞，我們現在各大學歷史系接受的教育就是專業史學的訓練。湯恩比深感專業史學有不少流弊。

　　第一，視野太狹隘了。由於受到科學方法的影響，專業史家多半認為史家應以嚴謹的方法研究專題，儘少處理人文世界中有關生命意義的問題。湯恩比不以為然，認為專業史家援引科學方法難免矯枉過正，失之偏頗。他有意跳脫這種窠臼，所以堅持世界史、宏觀的歷史。

　　不過，討論大歷史，湯恩比少用"world history"這個字眼，而喜歡用"Civilization"（英文大寫的文明）來指整體的世界史。然而整體的文明史範圍太廣了，不方便敘述或討論，所以要落實在所謂「歷史的單位」之上。什麼叫單位呢？例如，我們買米，要買多少量呢？怎麼表達呢？於是

我們可以用臺斤為單位。如果要買多一點，可以說兩臺斤，要買少一點，就說半臺斤。講歷史也是一樣，長達數千年的往事怎麼處理？傳統史學用朝代當作單位，分段地討論。近代由於國家主義的影響，通常用國家為單位。如果略嫌國家這個單位太大，還可以再切割，將國別史再分成上古史、中古史、近古史等斷代史。

湯恩比的歷史敘述，在"Civilization"之下也有歷史單位。他以英文小寫的"civilization"（文明）為單位。他認為歷史是由許多小寫的文明組成的。整套書中，他總共列舉了二十一種文明。我建議讀者，不必急著計較為什麼是二十一這個數字，或者花費太多時間審核每個文明是否夠格成為獨立的歷史單位。其實，連湯恩比本人對全世界總共有多少文明也未必十分堅持。

我們讀史書，有時候切忌被一些數字套牢，因為它們並不一定有嚴謹的意涵。例如，十九世紀卡萊爾（Thomas Carlyle, 1795-1881）在他的名著《英雄與英雄崇拜》（*On Heroes, Hero-Worship, and The Heroic in History*）裡，把英雄分成六大類，其中包括莎士比亞（William Shakespeare, 1564-1616）、盧梭（Jean-Jacques Rousseau, 1712-1778）等學者文士都稱得上英雄。然而仔細探究，卡萊爾為什麼把英雄分成六類呢？原來他受邀發表系列的演講時，總共講了六回合，所以在方便之下，把英雄分成六類來講。可見讀者閱讀《英雄與英雄崇拜》大可不必計較英雄可否分成七類或八類，學生更不必死背英雄有哪六類。重點反而要思考，卡萊爾訴說的英雄有什麼共同的本質？他們為什麼可以歸納為同類？

同樣的道理，湯恩比講文明有二十一種，並非企圖將全世界所有的文明一網打盡，一一細說其興亡歷程。再說，二十一種文明是經過他的主觀挑選的。世上還有不少地區還不夠資格被列在文明之中。可見湯恩比存有文化菁英主義（cultural elitism）的心態，並非一視同仁，平等看待每個地區的人類活動。

接著，應當注意湯恩比怎樣分析這些文明？這也是這本著作的重點。他認為，分析每個單位的文明時，該有基本的模式。綜合歸納他的說法，

「文明的模式」前半段可以借用希臘歷史，而後半段可以參考中國歷史。換句話說，整個模式的前半段依照古代希臘史，其現象是「政治上各主權實際分立，尚未統一，可是文化上大致已融合統一，大家生活在共同的高文化裡」。接著，後半段的現象比較「類似秦漢之後的中國史，人們轉而尋求政治統一。可是在實現統一時，往往採用武力手段，而不是順著文化發展、自然統一，所以出現帝國」。湯恩比舉秦漢為例，秦漢之後的中國史都是藉用武力統一的。綜合前後兩段，每個「文明的模式」大致循此模式，前半段先呈現文化融合但政治分立，後半段才完成政治統一。用我個人的話來說，「文明的模式」前半段是「多元一體」（指政治多元、文化一體），後半段是「一體多元」（指政治一體、文化多元）。至於政治和文化都尚未成為一體的，如初民社會，都不配稱為文明，難以成為歷史的單位，上不了世界文明的檯面。

湯恩比提出這套參考模式，但是他也一再強調，二十一種文明不可能規規矩矩、百分之百的合乎這套模式。書中叮嚀，千萬不要硬套這組模式。所以他又特別舉了兩個例外，猶太人和蘇格蘭人。這兩種民族都顛沛流離，不像希臘人和中國人比較穩固安定。於是他又把流離分成兩種次級的模式。猶太人屬於宗教式的四散流離，沒有長期固定留守一個地方，但始終堅持宗教信仰。反之，蘇格蘭人也顛沛流離，但沒有相對的堅持某種宗教信仰，而是透過世俗的商業活動群聚起來。

環顧世界如此眾多文明，運用基本模式，化繁為簡固然方便，但是湯恩比補充說明，人們也要比較文明之間的互動關係。透過比較的方式，如果以空間為主，要掌握同時間中不同空間文明間的差異；如果以時間為主，可以比較同個空間中前後文明的差異。除了比較，他尤其重視文明的內在生命及其交流。每個文明既是歷史的單位，也是個綜合式的內在生命。文明跟文明間的關係就是內在生命的接觸。我們從知識論的術語來說，湯恩比偏向內在思想、文化及精神的歷史因果關係，毫無疑問的，是位觀念論者或唯心論者（idealist），他不太喜歡用經濟和社會的因素解釋歷史的因果關係。

四、「挑戰與反應」之說與形上思維

　　每個文明都得經歷興衰，怎樣解釋這種現象的因果關係呢？尤其怎樣掌握文明的內在生命呢？湯恩比提出「挑戰與反應」之說。回想五十年前，大約在我讀大學的時代，只要提起湯恩比，大概都知道他有一套大部頭的史書，而且有「挑戰與反應」之說。這是湯恩比給人家的初步印象。至於「挑戰與反應」是什麼呢？一般人幾乎望文生義，各說各話，甚至以為這是達爾文學說（Darwinism）的演義，好比社會達爾文主義（social Darwinism）一般。

　　類似湯恩比這種重視內在生命、秉持觀念論的學者，絕對不會把達爾文（Charles Robert Darwin, 1809-1882）生物學的理論應用到人文社會學界。達爾文的《物種起源》（*The Origins of Species*）於1859年出版，提出環境與物種突變及演化的關係。從某個層面來講，是種「挑戰反應」的理論，但是他所研究的對象屬於是自然界的生物，是未經人為馴化或影響的生物，完全在「文化」的範疇之外。達爾文討論這些生物的演化跟外在環境有什麼關係，因此有「挑戰與反應」之說。

　　湯恩比講的是人類文明興衰之道，而不是生物學上的「挑戰與反應」。在書上他講「挑戰與反應」，假使各位仔細地唸，會發現很有意思。在那章裡，一開始他講古希臘的神話、戲劇，接著講十八世紀末十九世紀初德國詩人歌德（Johann Wolfgang von Goethe, 1749-1832）的《浮士德》（*Faust*）。這一整章幾乎都在談世界各地的神話，而不是在講史事的演變或文明興亡的歷程。敘述了一大半，原來就是要說明每個生命的內在都有正反兩股能量。簡單地講，我們的世界以及每個生命，原初之際最平靜、最和諧，也是最美妙的時候。

　　可是，生命不能永遠維持靜態，因為打從原初之際起，已經同時含有正負兩股能量。湯恩比借用魔鬼之說，強調魔鬼也是上帝所創造的。為什麼上帝要創造魔鬼呢？因為有魔鬼屬於負能量，上帝才是正能量，負能量與正能量之間辯證互動，這個世界及所有的歷史、生命才產生動態。他又

說，上帝很像賭博的莊家。莊家發牌，莊家單獨一個人沒有賭友，賭牌就玩不起來。上帝創造魔鬼、創造對手賭徒跟祂玩，正負辯證互動，整個賭局才隨之活動起來。

在書中，湯恩比的論述用字遣詞當然不會這麼通俗，以上只是我的方便之說而已。我特別提出湯恩比重視神話、聖經以及浮士德等等，不是為了講這些內容是否正確？是否符合歷史真相？而是為了指出，湯恩比講「挑戰與反應」並非從現實層面的政治、經濟、社會著眼，更不是追隨達爾文從生物及自然環境下手。

湯恩比以抽象的、精神生命之中的正反兩股能量當作主因，來詮釋文明的興衰。這種史觀當然與學院派裡專業史家的作品格格不入。尤其在整章的論述即將總結的時候，湯恩比展示了一張圖片，一看便知，那就是太極圖。可見「挑戰與反應」之說，直接援引了陰陽的學說。湯恩比從這個原點出發，觀看整體世界及各地文明在正負兩股能量運作下的動態。

「挑戰與反應」之說含有陰陽辯證的形上思想，湯恩比以此「最高層的原理」說明了世界史及各文明的興衰。然而，歷史因果關係可以分成多重層次。「挑戰與反應」之說屬於最高層次，也是解釋歷史或文明的大原則。在此大原則之下，還得更落實一點，觀看比較現實的層面，不然就顯得空疏。例如，湯恩比本人面對自己所生長的二十世紀，現實中有很多的災難。他怎樣觀看這些災難的歷史？又如何跟他的形上思想融合、成為一家之言呢？

在「挑戰與反應」的大原則之下，他提出一個想法，廣義的講就是愛心。愛，不是愛自己，而是廣義的博愛。我個人常喜歡講，自從法國大革命以來，自由、平等、博愛的理念似乎成為普世價值，人人朗朗上口。不過，如果進一步追問，這三者哪個應優先排在最前面？其次又是什麼呢？我想每個人的回答就不一樣了。

湯恩比面對二十世紀的災難和國家的興亡，這三者之間的輕重緩急，他選擇基督宗教所宣揚的博愛當作首要，自由及平等墊後。他的主張當然跟他本人從小家庭背景有關。不過講到宗教信仰，我們應該分兩個層

次來說。湯恩比講的博愛，並非要人人受洗，堅信耶穌基督。反之，他宣揚全世界的高級宗教，除了基督宗教，佛教和伊斯蘭教等，其核心思想都是博愛。希望世人能夠敞開心胸，放下個人的私心和各種中心論的意識型態，朝著博愛的理想前進。換句話說，博愛源於人們的宗教情操。湯恩比在《世界諸宗教中的基督教》（*Christianity Among the Religion of the World*）（協志工業叢書出版社，陳明福翻譯）這本書中，特別提倡宗教情操的可貴。他認為，發揮宗教情操的博愛，人類的和平才能維持下去。

你也許會覺得好奇怪，湯恩比研究歷史怎麼把學問談到如此虛無縹緲，不切實際呢？1939年納粹引發世界大戰。這場大戰不僅表面上是三個政治集團槍林彈火、相交不斷，同時也有三種意識型態（即：納粹的法西斯主義、蘇聯的共產主義和以美國與歐洲為主的自由主義、資本主義）水火不容，彼此鬥爭。大戰結束後，法西斯主義的政權垮臺了，剩下兩種意識型態及政治集團繼續對抗，形成冷戰的局面。1950及1960年代，當冷戰最高潮的時候，一般人們和史家無不以為「思想」才是影響歷史的主因，「思想」可以制約一切。所以，那個時期史家偏愛研究思想史（intellectual history）這個領域，而且強調觀念史（history of ideas）這種研究取向。這種取向認為，「觀念」或「思想」的因素最重要，影響古今。要研究歷史，就要掌握關鍵性的理念（key ideas），要解決現實的問題也得從關鍵性的理念切入。觀念改變，一切隨著改變。總體而言，種種具有主導性的理念（leading ideas）彼此環環相扣，成為「挑戰與反應」、「博愛」這兩個層次底下之另個較低層次的因果關係。這是套相當縝密的唯心論或觀念論（idealism）之歷史思維。

1940-60年代的國際政治氛圍和意識型態如此密切相關，怪不得當時做學問偏重觀念論，喜歡思想史。當時研究宗教思想史成為一種顯學。許多人跟湯恩比一樣，不是「為了研究而研究」，或者說不主張「為了歷史而歷史」（study history for its own sake），而是治學之同時，也為了發揚宗教情操。例如，英國史家巴特菲爾德（Herbert Butterfield, 1900-1979）於1949年出版的《基督教和歷史》（*Christianity and History*）。

在這本史學理論著作的最後一頁最後一句話，總結回答基督宗教和歷史的關係。他說：「什麼都不要管，擁抱基督就好了。」（Hold to Christ, and for the rest be totally uncommitted）他所謂的「擁抱基督」，當然與他本人是基督徒有關。不過，巴特菲爾德的史學理論，並非屬於「神意史觀」，因為他沒有直接以耶穌基督當作原因來解釋歷史的變遷。他只是希望，人們應該擁有基督的愛心，以宗教情操關照世界，要以中和之心（reconciling mind）對待這個世界及書寫歷史，如此世界才能朝著正向發展。就此而言，湯恩比和巴特菲爾德類似，他們一方面從史書中得知古希臘城邦之間的吵吵鬧鬧，另方面他們也親眼目睹二十世紀現實之中各國之間的廝廝殺殺。他們的形上思想和歷史思維相互連結，回歸博愛的心境。

分析一個人的史觀，我常使用一套史譜的模組。這套模組由三種歷史意識組成，它可以用三句英語呈現：

History makes men.

Men make history.

Man makes history.

第一句借用年鑑史家布勞岱（Fernand Braudel, 1902-1985）的觀點。他的史學取向，主張政治、經濟、社會、物質、氣候、天氣、地理等因素是歷史的主要因素，換句話說，它們就是歷史的製造者。

第二句話源自馬克思（Karl Marx, 1818-1883）。他重視社會底層大眾，強調由下而上對歷史的影響。人既是社會的動物，受社會約制，同時眾人的意識（consciousness）也創造歷史。

湯恩比強調文明的興衰與社會中少數的菁英有關。菁英能創造高級的理念並且改變歷史。當我們指稱湯恩比的知識論屬於觀念論時，我們也補充說明，他的史觀包含了Man makes history這句話的概念。Man指少數菁英及其理念。

五、二十一世紀怎樣閱讀《歷史研究》？

在二十一世紀重新閱讀湯恩比的《歷史研究》，總結我個人的心得。

首先，《歷史研究》可以啓發我們重新思考怎樣書寫世界史。1970年代以來由於世界的變遷，史學思潮隨之演變，後現代主義曾經質疑歷史大敘述。不過，1990年代起「全球化」的觀念普及，全球史又被注重，如今世界史的書寫又大量增加。我們不妨重拾《歷史研究》和這些新問世的世界史書比較，評論彼此的異同和得失。

其次，我們應積極重新建構新的歷史意識和形上思維。從1990年以來，許多學科針對智人積極研究，獲得不少新知。我們已經有足夠證據肯定，六萬年前的智人不只有歷史意識，同時也有形上思維。因爲智人都有歷史意識及形而上思維的需要。智人這種動物打從六萬年前演化出來之後，爲了生存必須繁衍後代，同時也必需跟別的生物競爭對抗，跟人類中不同的族群競合。智人憑什麼把一群「自己人」團結在一起，又憑什麼對抗「他族」？他（她）們必須演化出有：打造（invent）、想像（imagine）、虛構（fictionalize）等思維的能力，同時又得想辦法讓「自己人」接受這些思維的產品都是「真實」（reality）。

這些「真實」，我們今天處在「後現代主義」之後的時代裡，改口說成「想像的真實」、「虛構的真實」或「打造的真實」。同時，我們也熱衷以高科技生產有助於這類思維的東西，例如「虛擬實境」（VR, virtual reality）。換句話說，這些無形的觀念術語及有形的科技產品，都脫離不了智人的原始本質：「需要形上思維及歷史意識」。回想過去一百多年來，專業史家以求真爲前提，全盤棄絕形上思維，這如同「爲了倒掉洗澡水，連帶也把嬰兒丟掉一樣」。如今我們知道形上思維的「思維」本身是丟不開的，能改變的是思維的「內容」。所以我們現在要重建形上思維，並且連結歷史意識，建構我們的史觀。今天再讀湯恩比的書，不一定要全盤接受湯恩比的觀點，但應該參考他怎樣建構形上思維和歷史意識。

早期我讀湯恩比的書，那時候還沒有後現代主義，可是湯恩比的《歷

史研究》第一章〈歷史思想的相對性〉，已經表示歷史的本質是虛構的。可見講歷史的虛構性並非由後現代主義者開端。在兩次世界大戰期間，西方史學思潮中，有「歷史相對論」（historical relativism）這種主張。認爲史觀都是相對的、主觀的，不可能絕對客觀的。例如，美國史家貝克（Carl Becker, 1873-1945）曾經說了一句名言：「每個人自己都是史家」（Everyone is his own historian）。另外，義大利思想家克羅齊（Benedetto Croce, 1866-1952）也說：「所有的歷史都是當代史」（All history is contemporary history），意思是每個人都以他所屬的當代觀點觀看過去。湯恩比生長在同個時代，歷經相同的氛圍，免不了也有歷史相對論的觀點，不過他沒有陷入極端。這也是爲什麼他能沉得住氣，鍥而不捨，長期經營，建構一套具有形上思維的世界史解釋架構。

六、結語

在二十一世紀的今天，請想一想，當到了2040年，你們大約四十歲的時候，是否也會有一套形上思想和史觀呢？要怎麼建構呢？湯恩比晚年的史學理論或許可以參考。

最後，我建議閱讀本書，第一，切忌先入爲主以專業史家的心態作爲絕對標準。第二，要有心建構一套個人的形上思維及歷史意維。有了這兩種心理準備，而後細心反思湯恩比的「文明論」、「挑戰與反應」以及「文化菁英的歷史地位」（即Man makes history）等等說法。如此我相信這本書就值得一讀了。

貳
史景遷與康熙皇帝的「自傳」

陳國棟

中央研究院歷史語言研究所研究員

一、前言

史景遷（Jonathan D. Spence）成名五、六十年，有關於他的介紹、傳記及書評……俯拾即是。[1]我也曾經應邀寫過一篇簡介和幾篇書評，有興趣的話，請自行參考、批評、指教。[2]

以下要介紹的作品是史景遷教授的*Emperor of China: Self-Portrait of K'ang-Hsi*一書。這本書的基本情況是：史景遷利用康熙皇帝自己寫的東西，還有別人對他的言行所做的紀錄，做一點簡單的轉換，用康熙皇帝第一人稱的方式來撰寫這本書。該書探索康熙皇帝的領導統御理念、日常生活安排以及他對宇宙人生的看法，也就是說，探討這位皇帝於公於私的種種事情。有一個中文譯本書名寫成討論康熙皇帝的「內心世界」，那是對本書的完整內容不夠了解，以至於縮小到認為只在探討康熙皇帝的內心世

---

[1] Jonathan D. Spence於2010年獲得National Endowment of Humanities頒獎，參見http://www.neh.gov/about/awards/jefferson-lecture/jonathan-spence-biography

[2] 〈史景遷（Jonathan D. Spence）〉，《近代中國史研究》，第14期（1992），頁80-87；〈描述觀測中國的方式——評介史景遷著、阮叔梅譯《大汗之國》〉，《聯合報》，2000年6月19日；〈評Jonathan D. Spence, *The Chan's Great Continent: China in Western Minds*〉，《新史學》，第11卷第3期（2000），頁207-212；〈評史景遷著，溫洽溢、吳家恆譯，《雍正王朝之大義覺迷》〉，《中國時報》，2002年3月31日；〈評史景遷著、朱慶葆等譯，《剖析天王的內心世界——太平天國》〉，《中國時報》，2003年5月25日，〈開卷版〉；〈裡裡外外：評史景遷《前朝夢憶：張岱的浮華與蒼涼》及卜正民《維梅爾的帽子：從一幅畫看17世紀全球貿易》〉，《文化研究》，第8輯（2009年春季），頁220-229。

界，其實不太對。[3]為了方便接下來的敘述，我們直接依照英文的原題，給他一個中文書名《康熙自剖》。

二、成書背景

《康熙自剖》一書，完成於1973年；出版於1974年。利用康熙皇帝自己的各種著作來探索康熙皇帝的日常生活與內心世界。在多數情況下，史景遷看來只是作「譯述」的工作，因此美國國會圖書館著錄的作者是清聖祖康熙，而不是史景遷本人！

出版《康熙自剖》一書之前，史景遷已經有過幾件與康熙相關的作品。他的第一本書是改寫自1965年的博士論文《曹寅與康熙皇帝》[4]，探討《紅樓夢》作者曹雪芹的祖父曹寅與康熙皇帝之間的種種關係。下一年，他又發表了〈康熙帝的七個年代〉[5]一文。該文簡單評述了康熙皇帝的一生。顯然在撰寫博士論文的時期，史景遷已經在醞釀《康熙自剖》一書。

當史景遷作博士論文研究的時候，能夠開發利用的文獻檔案遠不如現在豐富。在史景遷寫完《康熙自剖》（1973）時，除了在《掌故叢編》、《史料旬刊》、《文獻叢編》……等刊物發表外，清宮檔案公佈得不多。至於現在研究者習以為常的故宮檔案，其實要到1976年，宮中檔奏摺才對外開放。1978年臺北舉行第一次國際清史檔案會議。1979年軍機處奏摺錄副開放提件申請。

早先，1948年年底，故宮文物搬遷至臺中。1950年1月在霧峰北溝建造庫房；1956年7月建造陳列室，1957年開放展覽，但不開放清宮檔案。史景遷經人介紹，獲得院長特許，於1963年來臺，幸運地成為最早得以

3　《康熙自剖》則有多種中文版本。最早的是《中國皇帝——康熙自畫像》，吳根友譯，上海：上海遠東出版社，2001。此一版本使用「康熙自畫像」也相當老實。

4　*Ts'ao Yin and the K'ang-hsi Emperor: Bondservant and Master* (New Haven and London: Yale University Press, 1966).

5　"The Seven Ages of K'ang-hsi, 1654-1722," *The Journal of Asian Studies*, XXVI:2 (1967).

檢視清宮奏摺的第一個研究者。不過，他錯過的檔案、文獻還是很多，因為當時還塵封箱底。

　　特別是滿文檔案。20世紀末出版的《康熙朝滿文硃批奏摺全譯》[6]收錄了許多皇帝與皇子及內務府人員的通信，1970年代以前的史景遷沒機會看到。[7]不過，史景遷的歐洲語言遠比中文流利，而康熙朝來華的外國使節與天主教傳教士留下許多第一手的觀察與報導。外國文獻，在當時，都必須一家一家檔案館或圖書館親身拜訪，才能查閱。不似現在，很多都已經在網路公開。那個年頭，史景遷倒看了不少，相當難得。無論如何，即使史景遷所看到的一、二手資料遠不及後來學者多，但是他的思考與寫作方式，依然值得細心品味。

三、主要文獻

　　《康熙自剖》的資料來源當中，很重要的一批材料為康熙皇帝與敬事房總管太監顧問行兩人間的通信——或許說得更準確一點，就是皇帝下給顧問行的諭旨。《掌故叢編》第一輯就收錄了這樣的諭旨三十六條。《掌故叢編》原編者許寶蘅識云：

> 按、（第一輯）此諭旨皆寄顧太監者。顧太監者，名問行，為當時敬事房之總管，亦呼為總首領太監。第一條為是年幸五臺時寄；第二、三條為是年奉太皇太后避暑拜察時寄；第四條以下為康熙三十六年親征噶爾丹時寄；末四條無年月可考，但皆寄宮內者，不預外廷事，故《東華錄》、《十朝聖訓》皆不載。

6　中國第一歷史檔案館編，《康熙朝滿文硃批奏摺全譯》（北京：中國社會科學出版社，1996）。

7　《康熙朝滿文硃批奏摺全譯》收錄了許多皇帝與皇子及內務府人員的通信，史景遷當時沒有看到。例如武英殿總監造赫世亨，他的工作性質十分特殊，而與皇帝關係密切，因此兩者之間通訊頻繁。史景遷當時若能見到，相信一定能寫出另一番精彩的故事。

《掌故叢編》的重印本收在故宮博物院編，《「文獻叢編」全編》（北京：北京圖書館出版社，2008，第一冊，頁11-27）。前三條爲康熙二十二年資料。全部的內容差不多都是皇帝請太監告知宮中家人（后妃、皇子）他在外邊的情況。可以說是一種平安家書。

另一件史景遷也分析利用得很徹底的文獻是所謂的「康熙五十六年預擬遺詔」，稍後我們會詳加介紹。此外，史景遷所利用的中文史料，現在看來都屬平常，包括：《大清聖祖仁（康熙）皇帝實錄》、《清聖祖仁皇帝聖訓》、《聖祖仁皇帝起居注》、《庭訓格言》（雍正皇帝所編輯的乃父的嘉言錄）……等等。請大家切記的是資料即使平常，只要善加利用，也能建立很好的洞視。

例如，我們從《庭訓格言》的一段文字，便可窺視皇帝宮中生活的一個片面：

> 訓曰：「朕八歲登極，即知黽勉學問。彼時教我句讀者有張、林二內侍，俱係明時多讀書人。其教書惟以經書爲要，至於詩文則在所後。即至十七、八，更篤於學。逐日未理事前，五更即起誦讀；日暮理事稍暇，復講論琢磨，竟至過勞。」
>
> 訓曰：「太監原爲宮中使令，以備灑埽而已，斷不可使其干預外事。朕宮中之太監總不令在外行走，有告假者，日中出去，晚必進內。即朕御前近侍之太監等，不過左右使令，家常閒談笑語，從不與言國家之政事也。」

跨過乾清門，皇帝成爲唯一的「男人」。女人除非特例，不能出入外朝，太監倒是可以。太監在內廷又見得到主位，於是成爲溝通內外的當然媒介。康熙皇帝三征噶爾丹，皇太子胤礽留守，裁決國政，隨時呈報行在；內廷諸事，有皇子不宜知曉者，總管太監顧問行負責內外安排，隨時

呈報駐蹕京外的皇帝。[8]

　　不過，要提醒讀者，太監的角色還是有限。同時，到康熙後期，皇帝在多數方面都以內務府司官取代太監的角色。因此之故，《康熙朝滿文硃批奏摺全譯》收錄了許多皇帝與皇子及內務府人員的通信。康熙帝後來出塞行圍，有關宮中事宜，諭示的對象就不再是總管太監，而是內務府的監造官，當中尤以趙昌、赫世亨為著名。[9]這種私人性質的通信，多少與奏摺制度的產生有所關聯。

　　《掌故叢編》所收錄的諭旨，大多數是康熙三十五年第二次征討噶爾丹以及康熙三十六年三征噶爾丹期間，與顧問行的通信。在這兩次軍事行動當中，太子胤礽留守北京，皇帝當然與他頻繁通信。這些往來函件都使用滿文撰寫。雖然早在《康熙朝滿文硃批奏摺全譯》出版以前，日本學者岡田英弘已經在其所著的《康熙帝の手紙》（東京：中央公論社，1979）一書中發表過康熙與胤礽往來書信的日譯本，但是其出版還是在《康熙自剖》之後若干年。因此史景遷有關噶爾丹之役的敘事，多賴善用《掌故叢編》來建構。

　　當然，收錄在《掌故叢編》中的漢文文獻也還是不完整，後人因此可以擴大補充。例如康熙三十五年第二次北征，當時誤以為噶爾丹已死，康熙皇帝很高興地在江寧織造曹寅的奏摺後寫下如是的硃批：「朕親統六師，過少（沙）漠瀚海，北征噶爾旦。皆賴上天之眷佑，旬有三日內，將厄魯特殺盡滅絕。北方永無烽火，天下再不言兵矣。」後來證實消息不正確，於是康熙三十六年（1697）二月初六日，第三度出塞征討噶爾

8　《庭訓格言》，原刊於「留餘草堂叢書」，現收入「叢書集成續編」（上海：上海書店，1994）第78本。引文見頁2ab及頁21b。

9　陳國棟，〈康熙小臣養心殿總監造趙昌生平小考〉，收入馮明珠主編，《盛清社會與揚州研究》（臺北：遠流出版社，2011），頁269-309；陳國棟，〈養心殿總監造趙昌——為康熙皇帝照顧西洋人的內務府成員之一〉，《故宮文物月刊》343（2011.10），頁44-51；陳國棟，〈武英殿總監造赫世亨——為康熙皇帝照顧西洋人的內務府成員之二〉，《故宮文物月刊》344（2011.11），頁50-57；陳國棟，〈武英殿總監造赫世亨——活躍於「禮儀之爭」事件中的一位內務府人物〉，《故宮學術季刊》30卷1期（2012秋），頁87-134。

丹。三月二十六日抵達寧夏駐蹕。閏三月十三日，噶爾丹敗死。四月初七日，康熙皇帝下令班師。他在給宮中總管太監顧問行的諭示中，直截了當地說：「朕遠行朔漠，北度沙瀚，立心似石，主意如鐵，必滅此賊而後方回。今遂其志，滿其願，豈非天乎！朕樂之極矣，喜之極矣！舉手加額，焚香謝天而矣。」[10]喜樂之情溢於言表。因為是對手下的私密通信，所以不必遮遮掩掩，真情表露無遺。

史景遷寫《康熙自剖》，還有另一個重要的資料——康熙五十六年諭（預擬遺詔）——提供《康熙自剖》一書的原始發想。康熙五十六年（1717）十一月，康熙帝召集皇子及滿漢大臣等至乾清宮東暖閣，對他們作一段頗為深刻的談話。史景遷全譯了這段文字，且下了一個有趣的標題："valedictory"，差不多可以說就是「告別演說」的意思。這其實也就是他預定的遺詔內容。雖然此後康熙皇帝又活了四年多，但是史景遷把康熙五十六年那回的口諭稱作「告別演說」其實還真的很恰當。老實說，現代某些學者也直接把它稱作「預擬遺詔」。

康熙皇帝在其口諭裡頭提到：此諭已備十年，如果有遺詔，也就是這些話，已經披肝露膽、鉅細靡遺，今後將不再多談。背景是康熙四十七年冬，他得了一場大病，病好後即回顧過去，草擬遺詔，隨筆自記，十年來從未間斷。這次口述的遺詔，就是十年間所記而準備說出的話。

四、人生告白

接下來我們就來看看預擬遺詔。內容摘要如下：第一、是他活了六十多歲，已經算是長壽了；第二、是他一輩子的努力就是要當個好皇帝；第三、是「用兵臨戎，統一國家」；第四、是節省、節用愛民（其實，他不節省也不行。康熙在位時間，正巧遇到所謂「路易十四小冰期」，天氣偏寒，不利農業生產，所以像康熙這麼樣勤政廉潔愛民的皇帝，也不能

---

[10] 此不在史景遷書附錄的十七封信之內，原件在中國第一歷史檔案館。圖像見於秦國經，《明清檔案學》（北京：學苑出版社，2005）卷首。

使國家眞正達到繁榮境地，反倒是他的孫子卻輕鬆地讓清朝進入經濟上的盛期。所以有時候統治者不用特別聰明，但要運氣很好）；第五、是說他「不尚虛文，力行實政」。康熙駕崩後的遺詔，由雍正公佈的遺詔內容確實與康熙五十六年的口諭大同小異。

康熙自道他當皇帝很久，可是皇帝不能退休。他年輕的時候身體很好，生活方式簡樸而不鋪張、不縱慾，然而敵不過時間的催化。生死自然，他知道終究難免，但是希望能夠善終。他恐怕隨著時間的前進，他的老化會到達不能自我控制的地步，因此趁著腦袋還清楚的時候跟大家述說這些事情。當然，他也提到他的健康開始發生問題的時間，就是在廢黜太子胤礽之時（康熙四十七年）。皇儲的問題，若不小心處理，連善終都會有問題。無論如何，他會把皇帝的工作一路做到底。舉其中一段爲例，他說：

> 今臣鄰奏請立儲分理。此乃慮朕有猝然之變耳。死生常理、朕所不諱。惟是天下大權，當統於一。十年以來，朕將所行之事、所存之心，俱書寫封固，仍未告竣。立儲大事，朕豈忘耶？天下神器至重，倘得釋此負荷，優遊安適，無一事嬰心，便可望加增年歲。諸臣受朕深恩，何道俾朕得此息肩之日也。[11]

與其說「預擬遺詔」是一篇自傳，或是生平自述，倒不如說是一名老皇帝的人生告白，講他自己對如何當一個盡責的好皇帝的想法與作爲。他認爲以往的皇帝們的遺詔皆非出自當事人之手，未必給予當事人正確的歷史定位，因此他要夫子自道。

從另一個角度來看，這番談話頂多只是半篇遺詔，因爲完全沒有提到

---

11 參考《康熙自剖》在第六章"Valedictory"英文本，頁150。該書頁143-151即爲康熙五十六年口諭的完整英譯。

誰來繼承皇位，或者皇位繼承人如何產生的問題等事情，那是遺詔必須要有的另一個重點。雍正皇帝所公佈的遺詔加上了這個內容，卻也成為備受爭議的所在。

五、七個年代

在康熙五十六年的口諭中，康熙皇帝給自己作了一些評述，但無具體的細節。史景遷在〈康熙帝的七個年代〉（1967）那篇較早的文章中，倒是替康熙皇帝的人生做了一個概要性的素描。

「七個年代」（seven ages）或許也可以說是「七段人生」，或者說「人生七幕戲」，典出莎士比亞於1599年創作的喜劇《皆大歡喜》（*As You Like It*）。話劇背景是一個森林，而男女主角最後有一個皆大歡喜的結局。莎士比亞在《皆大歡喜》第二幕中，將世界比喻為舞臺，所有的男女老少都是戲子，將各自的人生分作七個階段，依時序演出。

史景遷將「七個年代」套在康熙皇帝的身上，因為他不只把玄燁當成皇帝看，更把他當成有血、有肉，有感情、有情緒，但是懂得自我教育、追求歷史定位的活生生的一個人！對人性面的愛好是史景遷一貫的考量，他在事業的起頭就已經如此看待他所描述的康熙皇帝。這說明了他的作品不管是描述個人還是集體，他都仔細觀察每一個角色的生命情懷。

《皆大歡喜》第二幕第七場的臺詞說「大千世界是個舞臺，所有的男男女女都是戲子，各有登場和退場，一生就扮演著那麼些個角色。」那七幕戲內有嬰兒（infant）、學生（schoolboy）、情人（lover）、軍人（soldier）、裁判官（justice）、怪叔叔（Pantalone）與老糊塗（old age）。我們拿幾段來說說：

「學生」階段的玄燁，史景遷在《曹寅與康熙皇帝》一書中講了很多。雍正皇帝編輯的《庭訓格言》記錄康熙的話也說他八歲時跟張、林二太監學習讀書識字。我們在《康熙自剖》當中看到：

（康熙五十八年八月）己未，諭近御侍衛等曰：「朕於騎

射、哨鹿、行獵等事，皆自幼學習。有未合式處，侍衛阿舒默爾根即直奏無隱。朕於諸事諳練者，皆阿舒默爾根之功，迄今猶念其誠實忠直，未嘗忘也。」[12]

說明了他跟侍衛學習騎射、哨鹿、行獵等事。當時宮廷教育制度尚未完備，但是還在沖齡的年輕皇帝卻自主自動地學習。

另外，姚元之（1776-1852）在所著《竹葉亭雜記》一書中記載：

聖祖仁皇帝之登極也，甫八齡。其時大臣鰲拜當國，勢焰甚張，且以帝幼，肆行無忌。帝在內，日選小內監強有力者，令之習布庫以為戲（布庫，國語也，相鬥賭力）。鰲拜或入奏事，不之避也。拜更以帝弱且好弄，心益坦然。一日入內，帝令布庫擒之，十數小兒立執鰲拜，遂伏誅。

雖然這是一段常見的引文，但也看得出康熙皇帝對自我教育的重視，這對於他往後的治國處事，自然關係緊要。他的人文素養容易被觀察到，可以不用多說。武功方面，他在五十八年時也曾自己評量過他的射獵「戰績」如下：

朕自幼至今，凡用鳥槍弓矢，共獲虎一百三十五、熊二十、豹二十五、猞猁猻二十、麋鹿十四、狼九十六、野豬一百三十二，哨獲之鹿凡數百。其餘圍場內，隨意射獲諸獸，不計其數矣。常人畢生射獸之數，不及朕一日所獵。遼東當地佐領那柳不勝驚異，奏曰：「未見日獲如此多鹿者，實乃真神奇也」。朕曰：「從來哨鹿行圍，多所殺獲，何神奇之有？」朕於日出前二時離開御帳獵鹿，日落後二時歸

12 《大清聖祖仁（康熙）皇帝實錄》，285/9b-10a。

返，僅晌午小憩片刻。朕嘗日獲鹿三十六，甚與獵夫合圍哨鹿一百五十四。[13]

　　然而歲月不饒人，在康熙五十八年九月的《清實錄》紀錄中，皇帝自己也說「我已年老」。其實，在康熙五十六年的口諭中，他早已作此感嘆。雖然變老，但他始終精明如故。莎士比亞形容「老糊塗」的階段是「全然的健忘，沒有牙齒，沒有眼力，沒有口味，沒有一切。」康熙沒有那樣不堪，但是他對「老」與退化確實深深體察，十分敏感。

　　在《曹寅與康熙皇帝》一書中，史景遷已經處理玄燁在嬰兒階段的故事。他的「學生」階段已經簡單補充說明如上。其他部分，說來話長，暫且略過。實際上，康熙皇帝一輩子都認真學習，到老年時，還孜孜不倦地致力於玻璃與琺瑯工藝的開發研究，是近年學術界的研究重點項目之一。

　　史景遷的著作參考了很多西方的史料和著作。那些外文資料豐富了康熙傳記的內容。記錄康熙生活與施政的那些外國人，也就是以天主教傳教士為主的一批人。這些人有機會親近皇帝，且觀察力強。他們在歐洲出版作品，不會遭受思想檢查，無文字獄之虞，因此往往能揭露被中文文獻所掩蓋的事實。這些記錄者，如比利時人南懷仁（Ferdinand Verbiest, 1623-1687）、葡萄牙人徐日昇（Thomas Pereira, 1645-1708）……等等，讀者耳熟能詳，他們的著作也較為人知。史景遷還特別留意到一位曾經短期在康熙宮廷服務過的義大利畫家聶雲龍（Giorgio Gherardini, 1655-1723）。[14]他不是教士，而是名俗人。他於1698年搭乘「安菲特莉特號」（L'Amphitrite）法國帆船到中國，是最早在清宮從事油畫及教學的西洋人。他於1702年返回歐洲。在他回國之前，1700年時，他已經在歐洲出版了描述「安菲特莉特號」前往中國一路故事的專書Relation du Voyage fait a la Chine sur le Vaisseau l'Amphitrite, en Année 1698。史景遷在撰寫

---

13 《大清聖祖仁（康熙）皇帝實錄》，285/9b-10a。

14 據說蒙娜麗莎（Mona Lisa）的本名是Lisa Gherardini，不知道是否與Giorgio Gherardini有關係？

《康熙自剖》一書時，連這本作品都沒有錯過參考。

六、全書結構

《康熙自剖》全書分成「游」、「思」、「治」、「壽」、「阿哥」、「諭」六個章節，加上附錄「寄總管太監諭旨十七件」及「遺詔」。「諭」其實就是「康熙五十六年口諭（預擬遺詔）」。「遺詔」則是雍正即位後公佈的「康熙遺詔」。史景遷原書「康熙五十六年諭（預擬遺詔）」、「寄總管太監諭旨十七件」與「遺詔」三個部分皆是用英文直接加以譯述。

全書回譯成中文時，《康熙（重構一位中國皇帝的內心世界）》[15]直接將三組原始中文史料黏貼回去；《中國皇帝——康熙自畫像》[16]則以現代漢語（白話文）將「康熙五十六年口諭（預擬遺詔）」加以譯述，而讓「寄總管太監諭旨十七件」以原文形式呈現；刪除「遺詔」（未說明理由）。所有的人都關心由雍正皇帝掌權後所公佈的康熙遺詔，上頭寫的究竟是「傳位于四子胤禛」，還是「傳位十四子胤禛」，沒有人認真去解讀這篇遺詔的完整內容。英文《康熙自剖》全譯了這篇遺詔。《中國皇帝——康熙自畫像》把它刪去，而《康熙（重構一位中國皇帝的內心世界）》則轉貼原文。史景遷的貢獻通通不見了。

七、寫作風格

最後我們來談一下史景遷的一般寫作習慣與風格。自從德意志史學大師蘭克（Leopold von Ranke, 1795-1886）提倡的史學革命以來，史學界把注意的焦點放到如何把這門學問建立得更像是一門科學的問題上。借助自然科學與社會科學的理論與工具，二十世紀的歷史學家致力於用更科學、更周到的方法來分析過去的史實。這樣的態度基本上不差，但實踐上

---

[15] 史景遷著，溫洽溢譯，《康熙：重構一位中國皇帝的內心世界》（臺北：時報文化，2005）。
[16] 吳根友譯，《中國皇帝——康熙自畫像》（上海，上海遠東出版社，2001）。

有所困難，更嚴重的是想把史學科學化的企圖，根本使得歷史學是否有獨立作為一門學問的必要遭受到質疑。這點與本文無直接關聯，故而暫且置之不論。

但是史學科學化的另一項後果卻是學者把注意力放在分析問題上面，而忽略了文字的風格與寫作的技巧，使得歷史論著的專門性「看似」提高，但可讀性減少。一方面不再有傳世之作（因為新的論文若在方法或材料上有所突破，便自然而然地取代了舊有的論文），一方面也喪失了廣大的讀者群。其實，這是走了偏鋒。

蘭克的關鍵性名言是「如其實然」（*wie es wirklich gewesen war*; the way it had been）。重構（reconstruct）出真正的、紮實的歷史事實，方能提出積極、有建設性的見解——或者留給讀者自行想像與詮釋。重點是讀者要能做「同情的瞭解」（sympathetic understanding），也就是要能設身處地，把事件置入背景——背後的制度與整個事件的脈絡去理解。然而歷史學家往往受制於史料不足，又為行規所困，不敢做太多的推論與演繹。

虛構小說（fiction）的內容只是可能——就只是可能，未必為真。歷史學家則堅持釘住鐵錚錚的歷史事實，不能僅靠推理。再者，小說或戲劇會有高潮或反高潮；歷史未必有。小說愛好者欣賞其情節鋪排；歷史愛好者則看中其真實。正常情況下，兩者涇渭分明。

偶爾，歷史與歷史小說無明確邊界。史景遷的《婦人王氏之死》沒有幾條史料證據。但是他重建的那種感覺、那種氛圍，卻很能將讀者帶回蒲松齡（1640-1715）時代山東郯城的民間社會，大大填補了一般人在「同情的瞭解」一事上能力的不足。

史景遷不談史觀、不談歷史解釋。他直接給你事實，透過他的文筆把讀者帶至比較容易設身處地、理解事實的氛圍，讓讀者建構自己的知識與理解。「得魚忘筌」，要看文字背後而非表面。

他的《曹寅與康熙皇帝》（1966）一書基本上依據學院式標準書寫，引文、出處、論說一毫不苟。因此成為他最後出版平裝本（paperback）的專著（1988）。《意欲改變中國的西洋顧問》（*To Change China*, 1969）開始朝向雅俗共賞的方向努力，拆除學院格式的藩籬。等到《康熙自剖》一書出版，受到熱烈的歡迎之後，則確立了此一風格。

他何以形成這樣的態度呢？他從哪兒得到這樣的靈感呢？美國史學界的風氣給了他的思索相當大的激盪。美國學術界的史學研究在1970年左右發生了一些重大的變化。這些變化對往後數十年的研究與寫作產生了兩大影響：一則是史學研究中不再有所謂的「主流研究」，再則是歷史敘述的技巧再度受到重視。

所謂沒有「主流研究」，並不是說史學研究缺乏一種潮流，而是說歷史學家關懷的對象變得十分廣泛，對很多的問題都有人感興趣，研究的主題自然也就失去了集中性。這種現象用余英時先生的話來說，是：

> 所有的研究方向都分散了，可以用「群龍無首」來形容目前的狀態。不過，很重要的一個現象是，現在歷史的發展研究方向，注重個人在歷史中的定位，可以說是「平民的歷史」。[17]

歷史研究是探討人類在過去時空中活動的軌跡，那麼，現在與過去的研究、撰述都免不了以人為中心。所不同的是，過去所關心的人是曾在歷史過程中扮演過重大角色的少數個人（余英時先生稱之為「帝王將相」），而現在受到重視的還包括形形色色，或平凡無奇、或顛沛失志、或與時相忤的種種人群。

史景遷的作品訴求對象為學生與大眾，也就是廣大的讀者群。他對文筆與情節的安排都十分留心。傳記本來就有一定的吸引力，一流的文筆當然讓他的作品大受歡迎。

---

[17] 《中國時報》，民國81年7月13日，第26版，〈訪余英時院士談史學研究趨勢——社會發展帶動歷史研究取向〉。

不過，史景遷爲何選擇以「自傳體」來撰寫《康熙自剖》這本書呢？我想「自傳體」讓讀者站在皇帝的高度，卻又能冷眼旁觀康熙皇帝的世界（因爲讀者與所有的事件皆無利害關係）。記的喔！讀者一定要站在第一人稱的立場去想像與體會，才能感受康熙皇帝生活的韻律與心理的翻騰。

其實，《康熙自剖》並不只是透過蒐集與排比史料來重構史實而已！讀者一定要記得《康熙自剖》一書係用英文寫作。史景遷實際上從不同的史源摘取康熙皇帝的言行紀錄，轉寫爲另一種語文。在翻譯的過程中，已經注入了他的理解與見解。因爲翻譯不但需要對史料先做解讀，同時也須加以詮釋。事實上，挑選與排比（select and arrange）史料無可避免地就會反映作者的觀點，更何況作者本來就自覺到這點。

八、翻譯問題

當然，中文世界的讀者往往看不到史景遷透過英文寫作所呈現的見解。譯本《康熙——重構一位中國皇帝的內心世界》不免就呈現出某些缺憾。該譯本的譯者在〈譯後序〉末段說：

> 爲了凸顯史景遷別出機杼的創作旨趣，讓康熙口述自己的傳記，譯者不得不謹守原典史料，參酌朝廷奏摺、各家年譜，甚至模擬帝王的習慣用語，採用文言文的形式來翻譯本書。

譯者回查史料，再將原始資料改寫成他所揣度的表述形式，不但抹煞了史景遷的貢獻，同時也扭曲了經過史景遷挑選鋪排的原典的原意。十足地弄巧成拙。

翻譯是幫助不擅長閱讀英文原書的人理解該書，因此，再將《康熙自剖》譯成中文時，應該直接從英文回譯，而不是偷懶地查回史料，轉貼到譯稿；更不應該憑藉非專家的角度，靠自己的臆想去改寫原典。讀者讀譯本，期待看到的是原作者的見解，而不是翻譯者的想當然耳。

以下直接拿一段內容來作例子。《康熙自剖》原文：

Corporal Yambu was sentenced to death for gross corruption in the shipyards; I not only agreed to the penalty but sent guards officer Uge to supervise the beheading, and ordered that all shipyard personnel from generals down to private soldiers kneel down in full armor, and listen to my warning that execution would be their fate as well unless they ended their evil ways. (p. 30)

《康熙：重構一位中國皇帝的內心世界》[18]譯作：

刑部衙門議，船廠「撥什庫」（編按：清代八［旗］低級軍官名，又稱「催領」）雅木布兇惡健訟，擬斬；朕同意刑部之議，命侍衛武格前往監斬，並傳諭自將軍以下至兵丁，俱令摂甲跪接聖旨，曰：船廠風俗甚壞，如不再悛改，即與雅木布同罪。（頁41）[19]

《清聖祖（康熙）實錄》原文：

刑部議，船廠撥什庫雅木布兇惡健訟，擬斬。上命侍衛武格前往。諭曰：「爾去看斬雅木布，自將軍以下至兵丁，俱令摂甲跪接」；再傳旨與將軍、副都統及眾官兵等：「船廠風俗甚壞，爾等從此務期改過。如再不悛改，即與雅木布同罪矣。」（頁2740；204/3b）

---

[18] 史景遷（Jonathan D. Spence）著、溫洽溢譯，《康熙：重構一位中國皇帝的內心世界》（桂林：廣西師範大學出版社，2011），頁41；參考史景遷著，溫洽溢譯，《康熙：重構一位中國皇帝的內心世界》（臺北：時報文化，2005），頁50-51。

[19] 譯者弄錯了「領催」，誤寫成「催領」。按、《六部成語注解・戶部》「管莊撥什庫」條：「撥什庫，滿洲語，漢謂之領催，乃兵丁中之司會計者也。」

史景遷將康熙四十年四月初的記事，摘要修飾成文。譯者則依違於史景遷的文字與史料原文之間，復加潤飾，因此在兩方面都不能如實呈現。即使文字差異不大，對一般讀者而言不成問題；但對歷史學家來說，也太不精準了。

至於本書第六章〈諭〉（Valedictory），原文是透過譯筆的詮釋，將康熙五十六年關於「預擬遺詔」的口諭用英文加以表述，所以是"Ch'ing Sheng-tsu Speaking in his own words"。中文譯者卻直接將《清實錄》的文字來剪貼，可以說完全不懂作者的用心。

九、結語

不過，回來看史景遷，要看他在每個標題之下所選錄、排比出來的資料，想要傳達的是怎樣的訊息。如前所言，中譯者應該學學英譯者（作者），用合於時空背景的文字來行文；若是譯者還能懂得作者的立意與用心，在生命與人生的敘事上花費點心力去體會，那就是讀者的福氣了。靠人不如靠自己。同學們不妨好好加強英文閱讀能力吧！

參

妖術與治術
《叫魂：乾隆盛世的妖術大恐慌》
的一種讀法

陳熙遠

中央研究院歷史語言研究所副研究員

一、前言

今天很高興應臺灣師範大學之邀，向大家分享我對孔復禮教授（一作孔飛力，Philip A. Kuhn, 1933-2016）*Soulstealers*一書的閱讀心得。這本書早已翻成中文，在座各位同學應該都接觸過這部名為《叫魂》的論著。該書以敘事入手，娓娓道來，因此可讀性相當高，表面上看似在處理剪辮妖術恐慌於清代乾隆年間蔓延的議題，但作者其實別具用心，透過追蹤朝廷處理一個特殊的妖術案子，探討晚期帝制中國權力運作的特性，而對此一特性的掌握，也反映出他長期關注中國歷史發展的特殊樣貌。[1]

進入正題前，容我先簡單介紹孔復禮教授。孔教授出生於英國倫敦，1950年畢業於美國華盛頓特區的威爾遜高中（Woodraw Wilson High School），隨後進入哈佛大學，畢業後先是在英國倫敦大學東方與非洲

---

[1] Philip A. Kuhn, *Soulstealers: The Chinese Sorcery Scare of 1768* (Cambridge, Mass.: Harvard University Press, 1990). 值得一提的是，本書英文原版有一篇致謝詞並未收入中文版。孔教授寫作該篇謝詞的地點——同時也是他的居所——是在麻州北方一個叫做伊帕斯維奇（Ipswich）的小鎮。熟悉美國歷史的讀者一看到這個地名，或許就會聯想到十七世紀發生在麻州薩勒姆（Salem）的審巫案（1692-1693），Ipswich也在當時牽涉的幾個村鎮之一，將近二百餘名遭到指控，最後有19人遭到吊刑處死。將近兩百年之後，1878年當地又爆發了審巫案，史稱「1878年薩勒姆審巫案」（The Salem witchcraft trial of 1878）或「伊帕斯維奇審巫案」（The Ipswich witchcraft trial）最後法官以無罪結案。

學院學習日語與日本史，隨後於1955年至1958年間回美國服役，1958年至喬治城大學攻讀碩士，最後再回到哈佛大學師從費正清（John K. Fairbank, 1907-1991）與史華慈（Benjamin I. Schwartz, 1916-1999）兩教授，並獲得博士學位。他先任教於芝加哥大學（1963-1978），然後回到哈佛大學接替其師費正清的教職直到退休。

孔教授並不是多產的學者，不過每部行世的論著，可說都具有里程碑式的學術貢獻。他的第一部論著《中華帝國晚期的叛亂及其敵人》（*Rebellion and Its Enemies in Late Imperial China*），藉由探討太平天國的興起及其與清軍的抗衡過程，仔細分析清帝國晚期（1796-1864）地方社會軍事化的現象。[2]第二部也可能是最負盛名的著作，就是今天要與大家一起探討的《叫魂》。他的第三本著作《中國現代國家的起源》（*Les Origines De L'État Chinois Moderne*）原是在巴黎一系列演講集結而成的論文集。[3]該書的主旨其實不在探討近代中國「國家」如何形成，而是分析此種概念及中國的憲政體制，如何受到中國本身傳統的影響。最後一部著作《華人在他鄉》（*Chinese among Others*）則是探討海外華人移民社會的形成，特別是海外移民與本土之間的連繫，亦即海外移民如何在他所謂作為「移民學校」的沿海城市裡獲得在異域發展的「歷史資本」。孔教授認為，海外華人移民社會的形成，必須置之於中國漫長的國內移民史中來考察。[4]過去普遍認為中國人安土重遷，但這種認知也逐漸受到質疑和反省。經濟需求或一些歷史變遷——特別是環境變遷——使「移民」成為一個重要的選項，這點在早期，特別是明清之際已很常見。孔教授在撰寫《中國現代國家的起源》與《華人在他鄉》兩部書時，我剛好負笈於其門

2　Philip A. Kuhn, *Rebellion and Its Enemies in Late Imperial China: Militarization and Social Structure, 1796-1864* (Cambridge, Mass.: Harvard University Press, 1970).

3　Philip A. Kuhn, *Les Origines De L'État Chinois Moderne* (Paris: A. Colin, 1999). 英文版*Origins of the Modern Chinese State* (Stanford, Ca.: Stanford University Press, 2002).

4　Philip A. *Kuhn, Chinese among Others: Emigration in Modern Times* (Stanford: Stanford University Press, 2002).

下求學，並曾擔任這兩個計畫的研究助理，如今睹書思情，特別懷念向他問學請益的時光。

回到今天導讀的主題《叫魂》一書。本書的書寫形式相當另類，大約從二十世紀開始，史學研究作為現代學術的一專業科目，歷史學家曾一度朝著所謂社會科學或自然科學的研究、書寫模式靠攏。這樣的歷史研究，往往強調具有邏輯的論述、可供檢驗的證據。過去傳統的歷史敘事，在現代刻意凸顯「科學」特性的史學研究中慢慢邊緣化。歷史學家過去一百多年來所做的努力，多少是想將太史公「述故事」的傳統予以斷捨離棄，改以論證考據的科學方法展示研究成果。胡適（1891-1962）等早一輩的學者就曾經樂觀地認定：透過「整理國故」將歷史問題一一拍板定案後，便無須再費事重提，頂多陳設在「歷史」博物館的櫥窗裡，供後世憑弔或欣賞。因此過去專業的史學往往被標榜為「歷史的科學研究」。不過近二、三十年來，卻有一股看似反轉般的研究趨勢，有些歷史學家又開始回過頭敘述從故事，並嘗試從故事之中挖掘出深層的歷史問題。

《叫魂》表面上耗費大量的篇幅探討地方妖術案如何產生、朝廷如何因應管控等情形。全書十章當中，前八章到後面的「主題與變奏」部分，看似都在講故事，但作者正欲透過這個地方妖術案件或謠傳的演變過程，來闡述其核心的關懷。今天容我略去書中各種故事的細節，留給各位自行領略品味。這本書章節的安排本就是要引導讀者在循序漸進的閱讀過程中，隨著作者逐步揭露案件之中形形色色的故事，並根究背後可能牽涉的結構性問題，最後並將此結構性課題置於長期發展的歷史脈絡中。《叫魂》以故事的鋪陳開展討論，並將林林總總的個案與現象進行有機的彙整與連結，無疑提供了一種史學研究的可能範式：一方面回歸歷史寫作的「敘事」傳統，一方面又兼容分析式的論述，深入探討「故事」背後寓含的重要課題。在座大多是以歷史研究為專業，甚至有志以此為業的未來新血，因此我特別建議大家在閱讀本書時，留心作者是如何處理史料，並且如何將其研究成果以最適當的書寫形式展現出來。

二、檔案考掘與清史研究

在進入本書的主題之前，容我先指出，本書的論述與引證，仰賴大量已出版與未出版的官方檔案。在孔教授進行研究的九〇年代，遠不及今日方便。如今有不少檔案都已經出版，甚至拜數位化之賜逐步登錄上線，庋藏於臺灣的清代檔案，不論是故宮文獻處的宮中檔與軍機處錄副檔、中研院史語所的內閣大庫檔案，或是屬於地方縣廳層級的淡新檔案，都已可以上網檢索，彈指間即可搜尋想要的資料。孔教授運用的不少檔案是在北京第一歷史檔案館蒐集而得，《叫魂》英文原版扉頁裡的照片，便是他在該檔案館檢索檔案時的留影。

早在蘭克（Leopold von Ranke, 1795-1886）倡導實證史學之時，就已強調利用政府檔案從事政治史和外交史的研究。蘭克之所以享有盛名，不僅在於他標榜客觀公正的史學理論和研治方法，更因為他透過其所謂的「科學之旅」走訪歐洲各國的國家檔案室，其論著從早期成名的《拉丁和條頓民族史》（*History of the Latin and Teutonic Nations, 1494-1514*）[5]到三大卷的代表作《教皇史：教會與國家》（*History of the Popes: Their Church and State*），[6]無一不是大量運用未曾被使用過的原始檔案與史料。

歷史檔案當然也可用於政治與外交以外領域的研究，當代著名文化史學者金茲伯格（Carlo Ginzburg），便是利用中古時期的教會檔案，發展其所謂的「微觀史學」。其《夜間戰鬥》（*The Night Battles*）一書探討的是十六世紀義大利北部一種奇特的、類似薩滿的儀式，實施此種儀式的農民聲稱會在晚上靈魂出竅，前往遠方與女巫作戰，再以作戰結果占卜當年的收成。然而對於天主教會而言，這些農民的行為完全違背教會的教

---

[5] Leopold von Ranke, *History of the Latin and Teutonic Nations, 1494-1514*. Trans. by Philip A. Ashworth (London: G. Bell & sons, 1887). 德文原著初刊於1824年。

[6] Leopold von Ranke, *History of the Popes: their Church and State*. Trans. by E. Fowler (New York: Colonial Press, 1901). 德文原著初刊於1834-37年。

歷史──經典導讀

032

義。[7]他的另一名作《乳酪與蠕蟲》（*The Cheese and the Worms*）也是利用十六世紀宗教裁判的檔案，檢視一位磨坊工人的宇宙觀，在那位磨坊工人的認知裡，宇宙就好像一塊起司，此一意象與正統教會的定義格格不入，但對他本人而言卻無比真實。[8]金茲伯格所利用的宗教審判檔案，就是當時審訊被教會視爲「異端邪教」者留下的記錄，這些人雖也信仰天主，只是對天主及宇宙的想像與認知不同於教會正宗的規範。金茲伯格正是利用保留至今的這類檔案，深入探討當時小百姓的生活、信仰與價值系統。

做爲中國最後一個帝制王朝，清朝留下大量官方文書與檔案。按照過去修史的成例，俟正史的修纂拍版定案後，這些檔案便再無保存的價值。不過傳統的修史觀念也隨著王朝的崩解而有所改變。清代原儲存在北京的中央檔案，儘管因時代動盪而有所遷移，如今分散數處，但基本上大至保存完好至今。

大約在七、八〇年代左右，臺北國立故宮博物院與中央研究院歷史語言研究所開始積極整理庋藏的各類清代檔案，北京第一歷史檔案館隨後也逐步對外開放，海內外學者於是紛紛利用這些檔案投入清史的研究，日本學者甚至組織讀書班仔細參研。國外學者方面，除了孔教授之外，最具代表性的，是韓書瑞（Susan Naquin）、曾小萍（Madeleine Zelin）和白彬菊（Beatrice Bartlett）等人。他們利用清代檔案分別處理不同的問題，韓書瑞《山東叛亂》（*Shantung Rebellion*）一書以口供檔爲材料，探討白蓮教王倫在山東的叛亂事件；[9]曾小萍《州縣官的銀兩》（*The Magistrate's Tael*），以雍正年間火耗歸公的設計，探討清代財政管理結構的改

[7] Carlo Ginzburg, *The Night Battles: Witchcraft & Agrarian Cults in the Sixteenth & Seventeenth Centuries.* Trans. by John and Anne Tedeschi (London: Routledge & Kegan Paul, 1983). 義大利文原著初刊於1966年。

[8] Carlo Ginzburg, *The Cheese and the Worms: The Cosmos of a Sixteenth-Century Miller.* Trans. by John and Anne Tedeschi (Baltimore: Johns Hopkins University Press, 1980). 義大利文原著初刊於1976年。

[9] Susan Naquin, *Shantung Rebellion: The Wang Lun Uprising of 1774* (New Haven: Yale University Press, 1981).

革問題；[10]白彬菊《君主與大臣》（*Monarchs and Ministers*）則利用硃批奏摺檔案，探討雍正至嘉慶年間軍機處的發展與轉變。[11]這些成書於八〇年代到九〇年代的研究，包括我們今天討論的《叫魂》在內，都特別留意到檔案文書中涉及「官方通訊體系」此一重要的問題。

　　「叫魂」這個書名或許會讓讀者以為本書旨在談論宗教史或者文化史，但若仔細閱讀，就會發現書中不只處理了盛清時期的社會、經濟面向，更重要的是探討帝制中國的政治運作，甚至可說是採取了一種新的政治史研究方法。所以檔案的運用實可存乎一心，端看研究者如何去使用材料，發掘各種不同的歷史面相，從而開展出多元的議題。

三、隱藏在「盛世」虛名下的危機

　　本書是從一樁地方竊賊的案件談起，此案衍生出後來所謂的「割辮」之案。當時民間傳說，有種術法可以透過髮辮掌控其主人本身，甚至將自己所受的禍害或疾病轉嫁該人。過去已有若干學者留意此一割辮案，[12]若干相關檔案也曾彙整出版。提到割辮，在座各位應該會立即聯想到清朝入關後對漢地百姓下達的政令「留頭不留髮，留髮不留頭」，髮辮無疑是辨識人民政治忠誠度的重要象徵。這種涉及「大逆」的案情，自然備受統治者重視。而此一割辮妖術同時引發民間種種不安與焦慮，如對莫名疾疫的懼怕，對雲遊僧道及乞丐等游離人口的猜忌與排斥，終逐漸匯聚成震動中央和地方的政治與社會恐慌。

　　孔教授在第一章開頭，即對爆發最初案件的德清縣進行描述，探討遊方僧、道士等群體如何與當時發生的剪辮案產生關聯，以及所謂「社會基

---

[10] Madeleine Zelin, *The Magistrate's Tael: Rationalizing Fiscal Reform in Eighteenth Century Ch'ing China* (Berkeley: University of California Press, 1984).

[11] Beatrice Bartlett, *Monarchs and Ministers: The Grand Council in Mid-Ch'ing China, 1723-1820* (Berkeley: University of California Press, 1991).

[12] 例如谷井俊仁，〈乾隆時代の一広域犯罪事件と国家の対応——割辮案の社会史的素描〉，《史林》70卷6期（1987年11月），頁33-72；〈清代外省の警察機能について——割辮案を例に〉，《東洋史研究》46卷2期（1988年3月），頁763-787。

層人民」如何形成、面臨哪些問題。德清農夫沈士良委請石匠吳東明為其施展叫魂之法，據說該法是透過持有一個人的髮辮來奪取該人的精氣，中術者非死即病。被誤認身懷此術的吳東明惟恐惹禍上身，遂向地方保甲里正報告，導致沈士良被捉拿，剪辮案於焉展開，並連動牽引出其他案件：例如採藥人試圖陷害另一名石匠的事件，以及一個叫做計兆美的人至杭州行乞，卻被當地人扭送官府，後來屈打成招，供認他攜帶符紙是要行叫魂之用，並供出前面提及的吳東明。此外尚有四位自蕭山至杭州化緣的和尚，被當地人認為是叫魂術士的案例，後來經過官府調查，才發現該案其實是捕役索要規費不成轉而栽贓所致。故事從浙江湖州府的德清縣展開，牽涉的基層人物包括石匠、農夫、採藥人，該案和發生在紹興府蕭山縣的栽贓案，分別爆發於「乾隆盛世」期間「富庶江南」的兩個地區——照理說應是物阜民豐、和樂平安的時代環境——而這些事情引起了官府的重視，最後上報到北京。

上述幾起案子都是零星發生在盛清（High Qing）時期的江南，並引起當地社會的恐慌。案件中提到的幾處江南州縣，在陷入恐慌後第一個反應就是訴諸官府，希望能逮捕那些施展妖術的特定社群或外來者，以維持社會治安，而官府在審理時往往查無實據，認為是地方百姓大驚小怪，這也是剪辮案衍生出的另一現象。詳情各位可參看書中的第二章〈盛世〉，當時對施作叫魂妖術的懷疑，大多集中在流浪者身上，也因此孔教授在本書一開始便以下層社會的妖術恐慌現象切入。

孔教授之所以選擇乾隆時期作為研究的時代背景，亦引出第二章另一個值得思考的問題：何謂「盛世」？過去我們往往理所當然地認為，所謂的社會恐慌應該出現在政局動盪的衰頹末世。孔教授的《中華帝國晚期的叛亂及其敵人》一書，處理的正是清季面對西力東漸、百廢待舉的局面，一個號稱「太平天國」的神權政體崛起於東南，大清帝國的氣數危在旦夕。在此末世之中，社會亂象自然層出不窮。但回到十八世紀時，清朝的國力正值鼎盛，在乾隆「盛世」時，為何仍會出現種種引發社會恐慌的案件？人民對那些流浪者、外來人群的質疑和不安，反映在他們在路上看到

孩童被術士或和尚叫去時的反應，即使後者並沒有任何異樣舉止，卻已足以引發當地人民的焦慮與不安。這種恐慌具傳染性，是會蔓延的，即使那些外來者的衣著與表現都很正常，仍無法取得當地人的信任。由此也就不難理解，爲何那些暴民私刑和官府刑罰最主要的受害者，往往會是外來的僧道和乞丐，因爲他們是身處社會最底層或最邊緣的群體，並被視爲導致社會動盪的關鍵因素。時至今日，這樣的情況恐怕依然存在，一般人往往在不知不覺中分享了主流社群對少數「他者」的成見，而對非我族類懷持著先入爲主的價值判斷。

爲何有這麼許多游移於社會底層或邊緣的流浪人口？這牽涉到一個值得探討的課題：盛世滋生人口的安頓問題。人口的急遽增加，可說是清朝盛世所面臨的一項嚴峻挑戰。早在孔教授之前，何炳棣先生（1917-2012）便已針對中國近世人口總數進行評估，他利用了過去戶口冊和地方志中相關人丁的記載，發表《中國人口研究，1368-1953》的著作，其中也注意到十八世紀中國人口大量滋生課題。如何餵飽當時嗷嗷待哺的芸芸眾生，便成爲政府必須面對的重要課題。何炳棣特別留意到地方志裡物產的記載，發現那時中國開始引進外來的玉米、番薯等糧食作物，從而使增生人口面臨的糧食壓力得到紓解。[13]當然，隨著人口增加，也出現很多新的人口流動傾向，如遷往四川或長江、漢江流域，甚至海外。我之所以特別在前言提及《華人在他鄉》一書，就是因爲孔教授的這些著作間有一定沿承相應的研究關懷，若能理解《叫魂》書中對某些問題的思考脈絡，便會發現孔教授後來對中國海外移民的關注，並非另起爐灶，而是早有醞釀，並已有跡可循。

上述人口增長牽涉的問題，還包括對生態環境的影響。十八世紀期間，中國人口增加了將近三倍，人們將山丘闢爲可種玉米的田地，使水土保持等環境問題成爲一個重要課題，並持續影響中國未來的發展。乾隆、

---

[13]Ping-ti Ho, *Studies on the Population of China, 1368-1953* (Cambridge, Mass.: Harvard University Press, 1959).

嘉慶之際，常州洪亮吉（1746-1809）即曾就此一人口危機發表〈治平篇〉一文，基本見解與同一時代遠在英格蘭的馬爾薩斯（Thomas R. Malthus, 1766-1834）的《人口論》（*An Essay on the Principle of Population*, 1798）極為相近。他擔慮糧食生產的速度無法因應整個人口以等比級數成長的溫飽需求，勢必成為帝國嚴重的隱憂。[14]過去以茶葉、絲綢換取銀和銅等貴金屬的貿易活動，及自雍正朝開始的「除賤為良」政策，使大量勞動力獲得解放。這種解放固然重要，卻也帶來負面的影響：江南地區在高度商業化的表面下，亦存在前述糧食生產不足的問題，再加上地方發展不均，使得許多人難以維持生計，必須選擇遷居，甚至出家或乞討。而本書開頭所講的故事，以及後來各章討論的現象，原來都密切相關，並與歷史發展的脈絡緊密連繫起來。當然，乞丐或者遊方僧道的出現，並不必然代表上述現象的必然存在。孔教授在此所要強調的是：人民對外來與邊緣人群的忌憚心態，是有其歷史背景的。社會的不安與群眾的浮動心理，其實可藉以回推由該社會結構產生的問題，及其具體反映在哪些層面。在這裡孔教授對社會恐慌與盛世隱憂間進行有機的牽連，對歷史研究者而言頗具啟發性。在分析事件的表象，並將各種個案串連時，必須更進一步思索引發或醞釀該問題的社會結構與歷史脈絡。

　　第三章進一步談到這個盛世背後存在的、可能賦予上述地方妖術恐慌案件更多複雜意涵的問題，例如前面曾提及的辮髮議題。本章開頭即指出，清廷對其治下中國臣民的首要規定，就是衣冠髮式必須遵照本朝的制度，不得再循往日舊式，不願剃頭者亦將受到處罰。孔教授注意到，薙髮令實牽涉到清朝的國家認同，及隱含其中所謂「叛逆」的潛在危機，並以此做為討論的切入點。他認為髮式的改變具有象徵意義，不論是割辮或剪去前面的鬢。在清代，唯一不需薙髮留辮的就是僧道之流，即使是標榜千百年來一直「遵循先人禮樂制度」的曲阜孔家，最終也無法透過孔府衍

---

[14] 清・洪亮吉，《卷施閣集》（《四部備要》集部第464冊，臺北：臺灣中華書局，1965），卷一，〈治平篇〉，頁8a-9b。

聖公以此爲由的上書陳情，倖免於此。「身體髮膚，受之父母」是傳統儒家觀念的重要成分，故對當時許多人來說，薙髮令的影響是極爲深遠的。清初的明遺民群體，也因而面臨重大抉擇：是要薙頭，還是保留原本髮式以象徵對明朝的盡忠？當中多數人最後選擇逃禪入佛，雖也有像傅山（1607-1684）那樣成爲道士而無須薙髮的案例，但終究是少數。畢竟在明代和明清之際，佛教和道教的位階其實有所差異，知識分子對佛理較有參悟，認爲儒釋在義理上可以融通，與道士之間則存在較大的距離，選擇薙髮、遁入空門遂成爲很自然的選擇。

　　既然髮式的改變具有政治上的象徵意義，故割辮或是全額蓄髮也被賦予了抵抗官方權威的意涵。若檢視《大清律例》關於「十惡」的規定，就會發現上述行爲實已涉及謀反之罪，孔教授在本書中也舉了幾個例子，說明全髮未薙或蓄髮者可能遭到何種處置。原本在民間因被視爲妖術而引起恐慌的割辮案，在官方眼中則蒙上一層暗寓滿漢矛盾的嫌疑。即使在「乾隆盛世」之下——事實上從康、雍時期就已經開始——朝廷對思想的箝制仍相當嚴格，文字被認爲能反映人們的思想而受到統治者嚴格的審視，積極設法探究、解讀漢人如何透過文字、義理、典故表露想法。清代官方一方面組織讀書班子詳閱文人、官員著作，找出那些可能含沙射影、對「我朝」不利的言論，但另一方面他們也面臨某些內部的問題。

　　滿人入關之時，大部分的政治菁英、統治階層，都隨著八旗部隊到了中原，他們可能分布在京畿，或地方上若干駐防的滿城。換言之，清代滿族主要的構成人群大多集於京城，或成爲各地的駐防八旗，留在東北的人口其實相當稀少。而在進入京城後，滿人群體又陸續面臨很多問題，包括如何維繫本族語言、傳統，也就是我們所知的「國語騎射」。這種傳統延續的危機，其實在本書討論的「乾隆盛世」時，就已清楚地顯露出來。我們知道乾隆皇帝（弘曆，1711-1799，1735-1796在位）即位後，特別釐訂「滿洲祭神祭天」典禮，並一再強調「國語騎射」的重要性，足見他對入主中原近百年後，滿洲語文與習俗瀕臨銷蝕的困境，有著強烈的危機感。此外，站在奉天承運皇帝的立場，他對協助國家運作之官僚體系日益因循

苟且的傾向，更存有深切的不安。

四、民間妖術與國家正教

　　前面談到那些在乾隆盛世之下或隱或顯的危機，接下來的第四章則開始討論割辮案審理過程中，如何判斷有罪與否的問題。如前所述，此類案件的產生，是源自地方人民對外來僧道的戒備，和對所謂「妖術」的恐懼或利用心態。至於官府如何定罪，則牽涉到法制史的問題。由此亦不難看出，孔教授嘗試透過各章議題的安排，檢視此案涉及的各種層面。書中談到浙江一帶有人偷割他人髮辮、衣襟，帶至橋座下「稽墊橋樁，以為魘勝」。所謂「魘勝」，就是利用人身，包括服飾或身體的某些部分，進行法術的施作，類似的法術早自漢代就已存在。此次在乾隆年間發生的「妖術」，原只在江南地區流行，後來又傳播到山東、直隸等地。而地方官在調查相關案例時，又發現施法的術士多與乞丐有關，遂視之為連坐的群體，而在審訊的過程中，涉案的嫌疑人也開始互相牽連，以致案情越演越烈。

　　在官方看來，這種「妖術」不管是對中央或地方都可能造成危害，甚至可說已威脅到了整個帝國的穩定。若依官方的界定，此即有別於合法祭祀的異端邪教。誠然，今日所謂的「國家祀典」幾乎已不存於人們的日常經驗中，但在傳統的帝制時代裡，國家祀典卻是維繫官方權威的重要機制，被國家認可的信仰也因而備受重視；至於妖術、異端或邪教，則被認為顛覆整個國家安全與社會秩序的潛在威脅。故《大清律例》將此列入「十惡」中的「不道」，並於「禮律」部分對祭祀和儀制有明確的規範。現在對《大清律例》進行研究，難免受限於現代對法制或法律的定義，實則傳統的律例，可能包羅了整個國家運作的體制，因此我們若要對清代法制有全面而整體的掌握，那些如今被摒除並歸類為「禮儀」層面的典禮、儀式和祭祀規範，恐怕也需要納入探索的範疇之內。現今我們之所以不易體會帝制時期「法律」與「禮儀」之間的聯繫，主要是因為祀典與禮儀規

範已經不再由國家管控了。[15]

　　在清代，除了京城的九壇八廟，各地方層級的主官也必須每年定期主持相關的廟祀儀式。他們既是國家祀典的執行者，同時也可能成為將來國家祀典的祭祀對象。當時身處不同位階的知識分子，都有可能被吸納進官方祀典的體系：地方官員若有出色的政績，將來很可能入祀當地的名宦祠；若對其鄉里有所貢獻，將來可能被供奉於鄉賢祠。如果對儒家經典有所發明，並能在儒學的標準下立功、立德或立言，更可能獲得皇帝欽點，從祀於孔廟兩廡。從雍正年間開始，表現傑出的地方大員還多了入祀賢良祠的機會。當然，不只是知識分子，自雍正皇帝（胤禛，1678-1735，1772-1735在位）設置節孝祠和忠義孝悌祠後，即使是婦女或不具官員身分的民人，只要符合國家認同的社會道德規範，都可能成為國家祀典的受祀對象。因此對統治者來說，祀典是維繫國家與社會秩序的基石，而所謂的「異端」或「邪教」，自應在國家祀典的籠罩下徹底根除。只不過從現存的相關檔案可見，清代數百年來其實始終未能擺脫「邪教」侵擾的陰影，尤其在清中葉以後邪教聚眾滋事的案件，更如雨後春筍般層出不窮。

　　第五章談的是大規模妖術恐慌的由來。本章首先透過對身體跟靈魂關係的討論，嘗試理解此種恐慌現象的認知基礎。這個問題其實從漢代開始就一直被加以探討，直到明清也還在談論魂與魄之間的關係。孔教授在此特別引用余英時先生〈「魂兮歸來！」〉一文，談論自漢代畫像開始便已顯示出來，那種對末世、天堂和來世的一些想像，並指出中國傳統觀念中身體與靈魂的可分離性，以及喪失靈魂的可能性，其實是一個由學術理論建立起來的概念。[16]在本書提到的案例中，人們的恐慌是源自對遊方

---

[15]但若說現今臺灣已不存在所謂的「國家祀典」，似乎也不盡然正確。比方說與國族主義密切聯繫的忠烈祠祭典，仍由中樞定期舉行；此外孔廟的秋祭雖改由地方政府行禮，仍可說是屬於國家祀典的範疇。只不過祀典的宗教性往往經過淡化的處理，而兩項祭典與一般民眾的生活也不必然產生聯繫。

[16]Ying-Shih Yü, "'O Soul, Come Back!' A Study in The Changing Conceptions of The Soul and Afterlife in Pre-Buddhist China", *Harvard Journal of Asiatic Studies*, 47:2 (December, 1987), pp. 363-395. 中譯本可參見余英時著，李彤譯，〈「魂兮歸來！」〉——論佛教傳入以前中國靈魂與來世觀念的轉變〉，收入氏著，侯旭東等譯，《東漢生死觀》（上海：上海古籍出版社，2005），頁127-153。

僧道的懷疑。如果此類人群的活動完全被隔離於社會之外，或許不會構成問題，但由於這些社會邊緣人並未受到國家和宗教的束縛，一旦透過化緣等行為與社會其他階層接觸，便會被官方或一般百姓認為有施展邪術的可能。

何謂「國家宗教」是目前備受學界討論的議題之一，不過傳統中國其實並沒有「宗教」（religion）的概念，只有「教」這個詞彙。雖然今日人們已習慣在生活中使用「宗教」一詞，但過去主要是以儒教的教化意涵，作為「教」字最基本的定義。不會有人討論「儒教是否為教」的問題，因為「教」字本身就是由它定義，只要非其族類就是邪魔歪道。無論是康熙年間稱羅馬教皇為「教化皇」或「教化王」——亦即由「教化」立場去對應Pope一詞——還是1858年簽訂《中英天津條約》與《中法天津條約》時，承認「西方聖教」是「勸人為善」，其實也都是從傳統對「教」的觀點來理解基督宗教。直到十九世紀末二十世紀初，才使用「宗教」一詞對譯religion。沒有人會質疑基督教不是「宗教」，也正是因為「宗教」的定義原本就是以基督教文明作為母本和模範。總之，傳統中國是以「教」的概念來定義所有不同的信仰，故後者不是被歸為邪教，就是被慢慢納入原有的體系，從而獲得接受與承認。

那麼，什麼是國家宗教？就傳統中國的情況，一般認為是指合法、正統的，以儒教意識形態和儒教經典所詮釋出來的信仰。國家祀典包含了祭天、祭地、祭孔，城隍後來也被納入；而到了嘉慶年間，文昌帝君也變成了國家祀典。上述案例都是透過儒家經典建立其合法性與正統性，如《禮記‧祭法》所云：「法施於民」、「以死勤事」、「以勞定國」、「能禦大菑」與「能捍大患」等五者，都可以成為祭祀的對象。當然，也存在本身雖見容於律法，卻不屬於禮教正統的信仰，例如在中國社會已經根深蒂固的佛教跟道教。至於既不合法也不正統，就是本書所談論的妖術。雖然書中提到的「妖術」案例，多是由道士、和尚所施行，但在當時民眾的眼中，他們不過是披著佛教和道教的外衣。由於此類身處地方底層的邊緣人群並未受到國家和宗教的約束，才會遭受到在地百姓那種針對性的排斥。

五、皇帝的治術：清剿妖術與整飭吏治

第六章則談到各省清剿此類案件的問題，主要發動者當然就是乾隆皇帝。由於剪辮案是從下而上，從江蘇巡撫經由兩江總督傳上去的，皇帝遂透過秘密奏摺的方式，對兩江總督下達清查的命令。透過廷寄，皇帝可以讓地方官員瞭解其意旨，從而推動各地清剿的活動。在對所謂妖祟進行清查的過程中，乾隆皇帝擔慮地方官員可能會隱匿或壓抑了已然相當嚴重的妖術活動，故積極透過其政令、文書的傳達系統，動員地方官從事清剿，結果民間對妖術的恐慌開始由長江中下游往各省蔓延，後來甚至連北京也傳出疑似案情，車夫、兵丁等群體都被捲入調查。江蘇、直隸、安徽、河南等地，陸續都有案件上報，彷彿皇帝的種種擔憂皆一一應驗坐實。但這恐怕更像是預言的自我實踐，地方官揣摩上意並回應了皇帝的疑慮，一旦出現疑似剪辮案或相關的妖術活動，便馬上清查、上報，後來更將一些涉案情節重大的要犯押送北京審訊。

第七章「妖黨的蹤跡」又牽涉到官員、受審者、受害者等各方人物。有趣的是，負責案件的官員歷經調查與審訊後發現，許多原本被認為彼此串聯的事件，其實都跟剪辮案沒有關係。而之所以出現剪辮施術案例的大規模蔓延，乃至各案之間相互連繫的假象，實際上是地方官為迎合並呼應皇帝憂慮有跨域謀亂的預設所致。對統治者來說，地方上的單一案件並不難處置或掌控，讓他們真正忌憚的，是倘若存在跨省越境活動的組織或網絡，則其鋪展的危害將難以收拾。換言之，乾隆皇帝最關心的問題，是他透過地方回報的情資而得出這樣的結論：剪辮施術案例已從長江中下游蔓延開來。各位知道，過去描述邪教時最常提起的特徵，就是「男女雜處，夜聚曉散」，換句話說，這些邪教之徒完全違反善風良俗，以致無視社會階層與性別的差異。「越境」是另一個被視為嚴重問題的特徵，尤其是在東南沿海地區。越境進香活動對現代人來說或許已習以為常，但在清代，比方說婦女要前往外省的名山大剎朝聖，就必須跨越另一個政治轄區，對地方秩序的維持構成挑戰。當然，對朝廷或地方官而言，單一案件並不

足懼，值得擔心的是每個個別的案件之間存在著地緣上或人際上的密切連繫，因此才會將剪辮案認知為「妖黨」活動下蔓延、彼此串聯的產物。

　　整起故事最後如何告終？當初乾隆皇帝積極下令調查，但事實上並沒有真正的結果，地方官員只是礙於皇命而不得不予徹查，或至少必須找到足夠嚴重的「案件」以回應皇帝的需求。換言之，皇帝對於案情既已有了預設，地方官員又不能直指其誤，故只能虛與委蛇地處理徹查的命令，從而導致後續的一些外部效應。例如民間就因而出現以「叫魂」來誣告他人的情況，此一名目成為陷人入罪最好的託辭。書中提到山西、直隸發生的案例，都是因為討債或爭奪家產而起爭執，才以此為名上告地方或進行京控。當然，也有乞丐或和尚被押送北京，經歷刑求而不停翻供的案例。雖然根本並無實事，但官方的逼供迫使他們不得不提出相應的口供，進而牽扯了許多人。一旦確定上述案件都是冤案，「叫魂案」其實並不成立，在部分經手案件的官員遭到罷黜或降職後，案情才就此告一段落。

六、國家機器運作中的君主專制與官僚體系

　　從第一章到第八章，孔教授很細膩地描述各省的恐慌，如何逐步演變成全國性的剷除妖黨運動。經過審判和實際調查後，此案基本上是無疾而終，不了了之。皇帝終究要給自己的決策找到下臺之階，因此地方官員最後是以「查無此事」作為收場。換言之，整起叫魂案很可能只是原本單純的、個別的事件，既非牽連全國的大案，亦不足以構成對帝制權威的威脅。

　　第九章處理的議題，可說是本書的核心，亦即探討政治罪與官僚君主制。[17]我們知道，妖術其實是一種政治罪，並非地方社會上發生的一般刑案可比，一旦任其滋長蔓延，極可能動搖皇朝國運的基礎。乾隆皇帝在本書案件的發展中扮演重要角色，他相信其中絕對存在謀反的潛在因素，遂

---

[17]在本書尚未付梓之前，他就已發表過相關的論文。Philip A. Kuhn, "Political Crime and Bureaucratic Monarchy: A Chinese Case of 1768", *Late Imperial China*, 8:1 (June, 1987), pp. 80-104.

要求各級地方官員予以徹查，而在官員應付皇命的同時，百姓對妖術亦存有恐慌的心態。乾隆皇帝認爲，他可以透過嚴斥屬下來要求官場的規範，進一步強化其個人與官員的關係。而他用以強化掌控地方官員管道，就是秘密奏摺制度。此制度可溯源至康熙皇帝（玄燁，1654-1722，1661-1722在位），在雍正皇帝時眞正成熟，乾隆年間更擴大允許上摺的範圍，讓更多官員爲其所用。在秘密奏摺制度之前，地方大員主要以題本與奏本上達天聽，所謂的「公題私奏」，亦即一般關於地方錢糧、刑名等公務使用題本的形式呈報中央；奏本則用於向皇帝報備到任、陞轉降罰、荷賚謝恩等個人私務。但是皇帝日理萬機，基本上不會馬上看到或直接批閱四方進呈的題奏本章，這些文書須透過通政司轉呈，方可達於聖聽。皇帝往往會在這類文檔中看到貼黃之類的摘要，以及相關部會以票籤、票擬等針對公文進行回應或處置的建議，並可據此進行最後的裁決，而無需細閱公文的內容。迨至康熙、雍正年間開始運用所謂的奏摺制度，皇帝與封疆大吏或其屬意的官員，便可透過此一管道直接通訊聯絡。皇帝甚至可以透過硃批，秘密指派任務，或是對心腹臣僚直抒胸臆。按照規定，臣子不能直接收藏皇帝御批回覆後的奏摺，必須在下回呈送時，將原先皇帝批過的奏摺一併上繳，而且不能私下抄錄。乾隆皇帝正是運用此一文書系統，直接介入地方對叫魂案的處理。

　　孔教授特別著墨於乾隆皇帝如何透過廷寄與奏摺等政令傳達系統，親自指示或掌控地方官員對妖黨的緝捕與追查，這實際上牽涉到權力運作的一項重要課題。著名的社會學家韋伯（Max Weber, 1864-1920）在《經濟與社會》（*Economy and Society*）一書分析各種支配的類型時，就提到所謂「專制權力」（arbitrary power）和「常規權力」（routine power）的概念。[18]雖然皇帝至高無上且擁有專斷的權力，但有趣的是，政府部門實際上是透過官僚體系運作的，而當這套體系日常化之後，將因爲理性化而

---

[18]Max Weber, *Economy and Society: An Outline of Interpretive Sociology* (California: University of California Press, 1978). 德文原書寫於1912年。

形成一套特定的程式，每個人都只在其中扮演一顆小螺絲釘。從這點來看，過去所謂的「改革」或「變法」，其實就是要將整個系統進行重大的扭轉，重新架構一個不同的官僚體系。然而就韋伯的觀點而言，專制權力和常規權力兩者可能是不能並存的。

孔教授在第九章也談到德國歷史學家羅森伯格（Hans Rosenberg, 1904-1988）的著作《官僚、貴族與專制君主》（*Bureaucracy, Aristocracy, and Autocracy.*），[19]認為該書的一項重要貢獻，在於對所謂「王朝專制主義」和「官僚專制主義」之間關係的討論，指出即使皇權再強，到後來都會變成政治機構裡面的螺絲釘或齒輪，就算這個齒輪本身鑲金戴玉，但畢竟還只是機器裡的一個齒輪，終究會被常規化的運作（routinization）所淹沒。然而孔教授針對清帝國的權力運作，提出了一個不同的概念——「官僚君主制」（Bureaucratic Monarchy），認為就帝制中國而言，明清時期的國家機器固然有其常規性的運作形式，可是君主的專制權力在某種情形下又可對此進行制衡。孔教授的書中亦提及清代官員的「大考」，並利用檔案探討這種三年一度的考核是如何進行。同樣地，皇帝藉由秘密奏摺的通訊系統，可以直接將其政令布達地方，並進行個別掌控，導引甚至轉換整個官僚體系的運作。換言之，孔教授以乾隆皇帝對髮辮案的處置為例，指證中國不宜與西方帝制的運作模式等同觀之。診斷並釐清中國傳統資源在邁入現代世界體系過程中舉足輕重的角色，正是他多年研究一以貫之的關懷所在。

第十章提到，乾隆皇帝擔心底下的官員都變成「常規權力」中的小螺絲釘，人人只知照章辦事，而非實心任事，也就沒有人真正為這個國家的秩序及其治下的百姓付出。同時他也認為，官僚可能過於自我保護或墨守成規，而掩蓋某些在朝廷統治過程中必須處理的危機。

---

[19] Hans Rosenberg, *Bureaucracy, Aristocracy, and Autocracy: The Prussian Experience, 1660-1815* (Boston: Beacon Press, 1966, c1958).

七、結語：從中國自身脈絡檢視歷史

如前所述，孔教授在提出「官僚君主制」的概念時，談到西方政治傳統中存在一種「專制權力」和「常規權力」間的不可相容性。但無論是韋伯或羅森伯格，都認為即使表面上存在這兩種體系，即使當中的君權（專制權力）看似高高在上，終究會被其所領導的官僚體系（常規權力）吞噬。清代很多皇帝是幼齡繼位，從順治帝（福臨，1638-1661，1643-1661在位）、康熙帝到後來的同治帝（載淳，1856-1875，1861-1875在位）、光緒帝（載湉，1871-1908，1875-1908在位）都是如此。這些沖齡踐祚的皇帝，能否對官僚體系瞭若指掌？又應如何運用、掌握此一體系？這些都是值得深思的問題。

檢視孔教授的研究脈絡，會發現早在《叫魂》成書的二十年前，亦即他在1970年代以太平天國為題寫作博士論文時，就已開始關注中國歷史發展的內在資源。在他之前，歐美學界討論太平天國的論著就已很多，因為這是西方學者最易入手的課題，有大量的西方報刊資料可供運用，中國學界也已出版許多先行研究。但孔教授選擇此一論題，卻別具用心，他有意擺脫過去以回應西方作為中國近代史研究主軸的範式，儘管「西方」在近代中國發展過程中確實是個重要的變數，但他認為中國傳統的社會結構與地方資源具有更決定性的歷史作用。就像他在《叫魂》一書中以乾隆皇帝為例，探討帝制中國政治運作中「官僚君主制」這種特殊的權力運作，而這種現象是不能以西方的概念加以化約或直接套用的。換言之，西方經驗，或奠基在西方歷史經驗的理論，是無法削足適履地套用在中國的歷史脈絡裡。此一認知可說是通貫了孔教授所有的研究。他認為研究者不能以西方文明為歷史發展主流，而只將中國歷史發展的特殊形貌，解讀為一個地域性的現象，或者以「亞細亞生產模式」或「東方專制主義」等「例外」予以安頓，而是必須找到其本身的發展脈絡與根生資源，並予以適當的定位。

孔教授的第三本專書《中國現代國家的起源》，則從晚清的魏源

（1794-1897）、馮桂芬（1809-1874），一路談到大躍進時代的農業集體化，由此探討中國本身在現代發展過程中的體質。誠然，西方在近代給中國帶來一系列的資源、問題和衝擊，但中國回應時所憑據的，仍舊是其自身的傳統。孔教授在書中提到一個具有多重涵義、很難翻譯的概念「Constitution」——大致上或可理解爲國家體制，傳統稱之爲「憲章」。這種憲政體制本身如何維繫？是否隨著近代歷史發展完全被西方移植的體制取代？抑或其本身始終存有可供以滋長生命的源頭活水？這些都是孔教授在其一系列論著裡所探討的問題。

柯文（Paul A. Cohen）曾在回顧西方漢學研究的論著中指出：過去西方學界研究中國歷史總是傾向「漢學傳統」的路數，亦即將中國視爲一個準備接受進而回應西方挑戰的存在。當時在西方從事區域研究，所謂的「區域」就是指那些不是「主流」，而且很可能有待西方開化、發展、統治、規格化和殖民化的地區。因此早期西方學界對中國的研究，就學術角度而言可說是西方殖民文化的一種延伸。柯文特別以孔教授《中華帝國晚期的叛亂及其敵人》一書所展現的研究進路作爲其倡議「在中國發現歷史」的取徑典範，[20]正是因爲他揚棄了上一輩學者如其費正清等人的立場，後者依傍湯恩比（Arnold J. Toynbee, 1889-1975）「衝擊與回應」（同本書第一章譯「挑戰與反應」）的預設，以爲在未受到西方現代文明衝擊之前，中國的歷史發展是停滯不前，毫無內在動能可言。這種將近代中國抽離其固有歷史脈絡、視其後續發展爲回應西方結果的看法，可能面臨的問題是：既然在瞭解、處理現代中國的問題時，無需參照中國本身的發展歷程與傳統資源，那麼套用列文森（Joseph R. Levenson, 1920-1969）的說法，過去的傳統與歷史將淪於「博物館化」，成爲與活生生的「現在」與「當下」毫不相干的存在。

然而孔教授以其具體而深入的研究分析向我們證明事實並非如此，人

---

[20] Paul A. Cohen, *Discovering History in China: American Historical Writing on the Recent Chinese Past* (New York: Columbia University Press, 1984).

們的認知與行動其實仍受到歷史傳統的駕馭與建構，故歷史是不可能輕易從人類社會與日常生活中切割出來的。過去學界曾頗為關注於「現代化」的課題，即預設了一個名為「西方」的整體文明作為「現代」的唯一範式，並認為其他地區的社會只能也將會依循與之相同的發展軌跡，逐步走入單一的「現代化」歷程。時至今日，這樣的預設已經遭到多方質疑，每個文明都自有一套與傳統接榫的方式來面對現代。此種觀點看似卑之無甚高論，但對西方的學者來講，這其實是一個歷經自我學習、調整與修正後才得出的結果。而孔教授研究最具啟發之處，正在於引領西方的中國研究，打破原本具有殖民心態或西方優越觀的「漢學」窠臼，回歸到「史學」的正途，正視中國的歷史文明為人類歷史文明的重要組成。任何從人類某一部份、某一地區的歷史經驗中所萃取的發展模式、運作類型或理論架構，都不宜任意或隨機套用在解釋任何其他部分的歷史經驗中。

後記

承蒙陳登武與葉高樹兩教授的邀約與安排，筆者得以重新溫習孔老師的論著。在整理演講稿的過程中，何幸真、謝仁晏、施亞霓與阮思瑀等學友先後斟酌行文，再由文學院助理曹惟理先生檢校定稿，在此特申謝忱。最後謹以七律輓詩，追懷師恩於萬一：

初望儼然即也溫，海天回首媿承恩。
仁歸禮復行儒教，雨化風從立孔門；
敵亢太平終亂世，權衡隆治始招魂。
每從舊漢繙新史，從知流源活水深。

肆

歷史的邏輯與歷史研究的態度
一個自由主義的觀點

陳正國

中央研究院歷史語言研究所研究員

一、前言：《歷史定論主義的窮困》的歷史方法

我們今天要談的經典是卡爾‧波普爾（Karl Popper, 1902-1994）的《歷史定論主義的窮困》。中文版譯者是李豐斌先生，於1981年由聯經出版。英文原文書名為 *The Poverty of Historicism*，於1957年出版。波普爾生在奧地利一個中產階級的猶太家庭。對學界與思想界而言，最能代表他的思想與影響力的著作應該是《開放社會及其敵人》（*The Open Society and Its Enemies*）。本書於1945年出版。中文版最早由莊文瑞教授翻譯，於1992年由桂冠出版社出版。《開放社會及其敵人》批評了柏拉圖（Plato, 427 B.C.-347 B.C.）、黑格爾（Georg Wilhelm Friedrich Hegel, 1770-1831）、馬克思（Karl Marx, 1818-1883）等人的歷史決定論。這個批判主題與《歷史定論主義的窮困》的批判主題是相同的。所不同的是《開放社會及其敵人》對這些人的政治哲學有比較全面的開展，而《歷史定論主義的窮困》表面上像是科學哲學的著作，其實等於是企圖揭露上述這些人的政治哲學背後的認識論謬誤。英文書名應該是諷刺地諧擬了馬克思的一本著作的書名—*The Poverty of Philosophy*（*Das Elend der Philosophie*，中文界一般譯為《哲學的貧困》）。在 *The Poverty of Philosophy* 書中，馬克思批評了俄國無政府主義者普魯東的政治經濟學。而在《歷史定論主義的窮困》中，波普爾批評了包括馬克思在內，相信人類可以掌握歷

史規律或原則，並據以安排社會改革的理論家。

這是一本不容易介紹的書，因為它的論證非常縝密，而且論證之間的邏輯性很強。它跟我們一般歷史學學習者所習慣的思維與寫作習慣非常不一樣。嚴格說起來，這是屬於科學哲學的著作。我對科學哲學沒有素養。但我相信書中所用的一些語言與概念，其實跟物理學非常接近：它其實是用物理學學科的一種模式來參照，來比較歷史學或者社會科學之間的關係。我所知道的物理學也只是皮毛；所以嚴格說起來，我不是一個非常稱職的導論人。我的折衷方法是，把這本書盡量拉到我比較熟悉的、覺得比較舒服的領域裡面去，那就是歷史學。所謂的歷史學式的閱讀，基本上有兩種做法：一種做法是把它當成經典來閱讀，另外一個方法是把它當作歷史文獻來閱讀。

把它當作經典來閱讀的話，你不得不對這本書裡面主要的方法論有某種程度的熟悉。當我們閱讀經典的時候，我們當然可以隨興所至地來閱讀它。在後現代裡面，任何一個文本都是一個開放性的文本。不過，要好好地、有收穫地來閱讀經典的話，你還是要把它在它所對應的領域裡面，來去衡量、評價或者考察：究竟在什麼意義上面，它是一本經典？如果是這樣，讀這本書，你當然要對科學哲學、物理學等等有相當程度的心得，才能去好好地衡量這本書究竟在什麼意義上面可以成為經典。誠如我剛剛所說，我實在沒有辦法好好地跟大家分享或貢獻這樣的閱讀方式。因此，我只能從歷史文獻的角度來談這本書。

從歷史文獻來談它，最主要當的工作就是要把這本書脈絡化。接下來我會嘗試著用兩個脈絡，來談本書如何解讀成一份歷史文獻。一個是我們可以稱之為廣義的自由主義的這個脈絡，另外一個就是西方的知識發展。以下我會就這兩個部分來分享我對本書的閱讀。

二、什麼是歷史定論主義？

首先，這本書所要批評的對象是歷史定論主義，也可稱之為歷史決定論。在我看來，本書所指涉的歷史決定論是西方現代知識或現代性的一種

特殊表現。簡單來說，就是對歷史現象的普遍化或概化，以及對人類未來預測的一種信念，尤其是知識上的信念。歷史定論主義，或者命定主義，這兩個翻譯我覺得都通。本書把決定論、定論主義、Historicism三者等同。其實英文Historicism至少有兩種很不一樣的意思。其中一種用法跟我們歷史學研究比較接近，意思是指，所有的人類的制度、所有人類的集體行為，或群體行為，我們都可以、也應該在歷史的過程裡面去理解它。在這層意義上，Historicism應該理解成歷史主義。我們要了解為什麼亞洲今天的國際局勢會是這樣，當然可以從政治學博弈論（Game Theory）的角度去分析；要了解臺灣的經濟為什麼是現在這樣的光景，可以從經濟學的角度去分析他。可是也可以從歷史學的角度，去看臺灣的經濟現況為什麼會演變成這樣；也可以從歷史學的角度去理解過去歷史的複雜因果關係、各種偶然因素的湊合與演化，亞洲的國際政治為何走到今天這個樣子。如果我們認為，所有人類目前的狀況、現象、限制、發展都跟它的歷史變化，尤其是與長時間的變化有相當程度的關係，這就是一種歷史主義的態度。這種歷史主義的態度，其實就是歷史學家認為歷史學跟其他社會科學非常不一樣的地方。

可是這本書的Historicism不單只指這層意思，而是指另外一種很特殊的表現形式：就是認為我們人類所有的發展，的確都跟過去長遠的歷史發展有關係，但不只是這樣；我們要理解現在，不只是要回顧過去，而且是要知道我們下一步可以怎麼做或會怎麼做。這裡分辨出兩個很不一樣的意思。司馬遷（145 B.C.-86 B.C.）有一句很有名的話：「通古今之變，成一家之言」，或所謂「不知來者訴諸往」。以前人們認為歷史可以鑑往知來，知道未來我們到底下一步會什麼。但是古人鑑往知來的歷史智慧其實容許相當彈性的空間；歷史知識對我們理解現在的處境與下一步怎麼走有幫助，它可以提供反思或幾種可能的路徑來趨吉避凶，但不能決定指引一條顛撲不破的真理或必然的一條計畫道路。而歷史命定主義或決定論、歷史定論主義，卻認為我們不只知道可能可以怎麼做，而且我們還知道必然會怎麼做。因為人類歷史發展有一種必然性，這是作者波普爾所要討論與

批評的對象。

三、波普爾的對歷史命定主義的批判㈠：
　　歷史本質論的謬誤

　　我今天所談的，一部份是我的心得，但很大一部份也是我的困惑。

　　我最大的心得是，這本書值得讀，而且值得再讀，因為它不好讀。雖然它跟我們歷史學有一種相當大的距離，可是這也正好可以讓我們知道歷史學的邊界在哪裡。歷史學能做什麼？它的最大邊界、它的學科性質與它的功能是什麼？所以，雖然我認為當初答應來導讀是有點草率，因為私心而產生的一種草率。可是我覺得對我來講還是難得的機會。

　　既然是導讀，我當然還是要講一下它的內容，但在此只能高度濃縮地談。本書總共有四個章節，我大概把它分為主要三個部分。一個部分是說，有一種歷史定論主義者，它認為歷史知識跟自然科學知識完全不一樣。歷史知識有它的獨特結構，相對的，自然科學的知識範疇，像概化、實驗、創新、預測等等方法，不適合用在社會學。我要提出一個請大家稍微關注的一點，也就是這本書雖然叫歷史定論主義，可是從學科史的發展來說，他所要批評的對象其實是社會科學，尤其是社會學。像是孔德（Auguste Comte, 1798-1857）之後的社會學，或更早的彌爾（John Stuart Mill, 1806-1873）的學說。作者認為彌爾的 *System of Logic* 屬於本書所要批評的這個傳統。對波普爾來說，從彌爾一直到馬克思代表了一個歷史定論主義的傳統。這本書認為它們主要有幾個特點跟自然科學是不一樣的。譬如說它牽涉到「主觀的」評價。這跟自然科學家在實驗的時候不一樣。當然，現代最新的科學哲學會告訴你說，自然科學的實驗其實也包含了主觀的評價，不過這是二十世紀下半葉以後的科學哲學的發展。這本書是1950年代寫的，所以沒有討論到這裡。總之，社會科學家所認為的歷史知識包含評價。而且他們研究的對象與物理學研究的對象不一樣。物理學所研究的主要對象可以切割成各自獨立的個體或者原子。相反的，社會學或歷史學研究的對象是一個整體。而且歷史學這個整體有一個很大的

特性：這個整體像一個有機體一樣，每個部分與每個部分之間有一種可發展、相互影響發展的連結關係。也就是說，研究歷史的時候你很難控制你的實驗情境或控制你的變因。你要觀察研究對象，只能用整體式的方式去觀察。波普爾認為，這種包含主觀評價，而且是有機的、整體的歷史研究是一種整體論（Holism）。這個結果，就造成這一派的歷史定論主義者認為，歷史不只是解釋原因以及影響而已。

　　這個跟我們歷史學者的所學就有關了。到底歷史科學、歷史學，只是在解釋原因、影響而已，還是如同這些歷史定論主義者所說的，不只是這樣，還要找出意義以及重要性？更重要的是「深入去分析一些盛行於我們研究之實體的客觀、潛在歷史**趨勢**與**傾向**。譬如一種傳統或力量的盛衰」。這個意思是說，他不只在看、在觀察現象，而且要看歷史現象的發展背後更深層的東西。那個更深層的東西，可以叫傳統，也可以說是一個本質性的東西，相信歷史的現象背後牽涉到一些更根本的，甚至是本質性的東西。而這個就是波普爾所要批評的對象。他認為，你其實沒有辦法找到本質或者實在（reality），根本沒有這個東西。至少歷史決定論者不能用他的決定論所宣稱的那些方法去找到。這裡頭還有另外一個重要的結果就是，他們所使用的普遍語詞其實帶有本質論的意義。這就是所謂歷史命定主義者。簡單地說，歷史命定主義者就是強調歷史的研究，終究、應該、而且能發現研究對象的本質，例如國族。就像一個哲學家在問，什麼是生命？他問的不是生命現象。你不能跟一個哲學家說，生命就是吃喝生老病死等現象的演變與組合。他要問的是：究竟生命最核心的東西、本質性的東西是什麼？哲學家會問：歷史到底有沒有一個更根本的力量？歷史會動，歷史會變化，可是變化一定有個力量，那個力量是從哪裡來？

　　以前有人說歷史來自由下而上的力量，所謂Bottom-up，人民的歷史，為什麼要研究人民的歷史？因為認為改變歷史的其實是人民、下層社會。這個說法是說，以前人們認為改變歷史的是菁英、是拿破崙（Napoléon Bonaparte, 1769-1821），所以我們研究拿破崙；就好像我們研究了丹敦（Georges Jacques Danton, 1759-1794）、羅伯斯比（Maximilien

François Marie Isidore de Robespierre, 1758-1794），就覺得是在研究法國大革命；我們研究伏爾泰（Voltaire, 1694-1778）、盧梭（Jean-Jacques Rousseau, 1712-1778）、狄德羅（Denis Diderot, 1713-1784），那就是我們研究了法國大革命之前的歷史的動向。這些是菁英，他們創造了歷史。

可是後來有人說，歷史力量不是來自於這些，而是來自於下層人民。想研究法國大革命，就應該研究農民的參與。反之，自然科學家不會問，究竟什麼是原子？到底原子是什麼？他研究原子只是研究原子與原子之間的互撞的現象，他不研究原子本身到底是什麼。波普爾認為「追問歷史現象背後的實在或本質」是歷史命定主義者的錯誤看法。

對於歷史決定論者而言，所謂的變遷、歷史會變遷是相對於本質而來。波普爾在一個小章節裡面重申：認為歷史應該去追問本質性的東西，這是一種知識上的誤導，或者一種過度的樂觀。相反的，他認為歷史學還是應該研究獨特性。波普爾認為人們所批評的歷史定論主義，有部分是對的，但也非全對。例如馬克思主義者、馬克思主義史學家，他們不滿於以前的歷史都是講政治史，太強調帝王、重要軍事家的歷史、個別、個人的歷史，好像個人創造了歷史。他們不滿意於這些，所以要找到一個歷史更本質性的、一個集體的、可以代表集體的一些概念，譬如說時代的精神、時代性的，這是一種某個意義上的本質論。這些（時代精神等等唯心論的歷史認知）是馬克思主義者與馬克思主義史學家所反對的。他們說，以前的那種政治史強調個人，這樣的歷史應該修改。問題是，修改的方式是什麼？波普爾認為，以往的歷史研究固然可以在方法或觀照的層次上做修改，可是要避免掉入本質論，以及本質論所相關的或是導引出來的決定論。這是波普爾所批評的一個重點。

四、波普爾的對歷史命定主義的批判㈡： 概化與歷史趨勢預測的謬誤

本書另外一個重點是說，有另外一派歷史命定主義者比較強調社會科學其實跟物理學是差不多的知識結構。前面是說，歷史知識跟自然科學知

識很不一樣，可是另外一派認爲歷史科學（其實也就是社會學）的研究方式、思維方式（the mode of thinking）或基本模式（Framework）其實應該跟自然科學差別不大。這就叫作pro-scientific。波普爾稱爲Scientistic，是類似科學的，或科學主義式的、科學式的一種取徑（approach）的歷史定論主義。這些人主要的興趣是表現在：認爲歷史應該做大規模的預測。就像天文學做大規模的預測、氣象學做大規模的預測，可以預測整個地球的洋流（current）或者氣溫（temperature）的改變；現在可以預測到兩個星期甚至一個月之後，甚至明年，大概在溫室效應下，溫度會增加幾度或減少幾度，就是這類的預測。歷史學研究也應該朝向這樣的目標，例如說：2030年人類的科技會進展到什麼光景？人類的家庭制度會變得如何？等等。

　　這一派的歷史定論主義認爲，歷史研究眞正的意義應該是在大預測之上。他們說，自然科學的經驗是來自於觀察，而人類的經驗就是歷史。所以這一種社會學或社會科學就被稱爲理論性的歷史。波普爾說，他們最大的一個問題是，把歷史上所出現的所謂趨勢或者潮流，等同於自然科學裡面所說的法則。他認爲「法則」這個概念本身是有問題的。（根據我自己的閱讀與引申）波普爾認爲，自然科學的法則就是指，運動的方向、力道、時間都可以用圖形跟數學來表示。這表示所謂法則是一種普遍宣稱或陳述（universal statement）。可是我們在研究歷史的時候，會發現歷史的趨勢、歷史的傾向沒有辦法用這種universal或普遍語言來陳述，我們做的其實是一種存在性的陳述。換句話說，歷史研究的application不會是universal或普遍性的。

　　事實上，在自然科學中，我們去解釋一個現象、預測一個現象或試驗我們的理論，這三個東西其實幾乎是同一回事。但影響自然實驗的關鍵是什麼呢？是在選取經得起試驗的假說？或者說其實更重要？在我看來更重要的一句話是：在淘汰經不起試驗因而被拒斥的假說！所以整個自然科學的工作主要是在做什麼？它主要是把試驗都看成是剔除不眞的理論，所以它其實是在「試錯」。我們常常以爲自然科學是找出了眞理、是創造了眞

理，可是波普爾說，其實整個科學研究的大部分工作是在挑戰一個既存的說法、假說、或理論。所謂實驗，就是一直去挑戰這既存的說法，直到所有的挑戰都已經做完，我們才能證明它可能是有效。可是這樣說來，這理論或假說的真理性其實也都是暫時有效的。如果是這樣，我們怎麼能說：在歷史經驗裡面，我們所研究對象的結果，是不破的真理，而因此可以做為人類的行為的指導。這本身是有問題的。正好相反，自然科學最重要的精神，是一直去刁難某個理論，一直去證明既有的理論是錯的。波普爾認為社會科學的研究所借用歷史知識、歷史經驗來做的社會科學的預測，應該有這樣的意思才對。

波普爾提出，的確，在方法論上，社會科學跟自然科學應該是同一的、一致的。如果你做到「真正的社會科學」，那你就是一直在挑戰一種假說。所以他提出一個概念叫做逐步性的technology，逐步性的技術性計畫。「逐步性」這概念非常重要。可是人類往往因為一種熱情，一種源於知識上的誤解而挑起一種熱情，進而宣稱道：我們可以找到「時代精神」或「國族」的真正意思。所以會很迫不及待地想要依據這個錯誤理解，來從事改革，而且這種改革會是一種全面性的、整體式（holistic）的改革。波普爾說，事實上在改革的時候，不可能全面性地改革，事實上還是在做逐步性地改革。可是差別在哪裡呢？因為定論主義或充滿熱情的人不會一直反思地去挑戰自己。當一個人有歷史定論主義態度的時候，就不會一直去挑戰自己。自然科學家的工作就是一直挑戰自己的方法，挑戰別人的方法；挑戰自己的方法，去刁難那個hypothesis。可是如果一個社會科學家，他沒有這個態度的話，他很容易就掉入一個比較熱情的，而且比較——用波普爾的說法——莽撞的方式。在這裡，就出現一個比較規範性（normalizing）的概念，叫謹慎（prudence）。也就是「有歷史定論主義態度的人」會失去謹慎的態度。那逐步性的計畫、逐步性的技術性的計畫的重要概念就是：如果你要應用你的歷史知識到你的社會工作的話，你要用謹慎的，而且是局部的方式來進行。用他的話來說就是，事實上人類的智慧是有限的。因此，如果他用一個holistic的態度，就是整體式的計畫

的態度，那我們當然可以批評這不是科學。波普爾談的是一個邏輯性，整本書是非常邏輯性的一個批判。

他到底在講誰？他講的對象是實際上歷史發生的計畫，叫做holistic的計畫，他所批評的這些理論家大概從孔德、彌爾，甚至到托爾斯泰（Lev Nikolayevich Tolstoy, 1828-1910）、黑格爾、馬克思……這些是他所批評的思想人物。波普爾所謂的holistic的planning究竟指的是什麼暫且不論。但關鍵重點來了，波普爾說，事實上，即使你有一個holistic的planning，因為我們人類的智慧、能力、才德以及其他各方面其實是有限的，所以我們常常不得不採取一種「權宜措施」。而這個暫時性權宜措施，就是不可能有一個宏偉的、整觀性的計畫，再來開始工作，這是不可能的事。你假設你可以，而事實上，你常常捉襟見肘，就是你這邊先試驗，先碰一點，覺得不行了，那你就想先暫時性解決它。可是這種刻意地，暫時的解決，常常又會創造更多的問題，然後又被迫要去解決新問題，然後又是暫時性的解決，形成惡性循環。這就是unplan的plan，無計畫的計畫。事實上，如果你開始啟動了，你認為你啟動一個整體性的計畫，你會發現，你就一直忙，事實上你會搞出更大的問題出來。這是因為你沒有謹慎的態度。你為什麼沒有謹慎的態度？因為你有holistic的概念。也是因為這個因素，你忽略了人的因素。人的智慧是有限的，人是有限度的存在。可是歷史定論主義的前提是忽略了這個前提，所以他就假裝這個限制不存在，或者用制度性的方式要去控制人類的事實（human factors），也就是人的因素，或者Human impulse。每一個人的才能性情各方面，甚至一個社會、每個特定時空下的社會、不同族群、不同年紀，甚至不同的性別，這些東西都可能是不同的Human factors，或者會有不同的Human impulse。每個人所要的東西不一樣、他的衝動是不一樣的，可是你忽略了這些東西，所以你用制度方式好像去解決這些問題，可是沒有去正視、去面對這些問題。波普爾說這造成的結果是：原本你的計畫、你的目的是要創造出更適合人類生活的社會、更好的生活的環境，可是因為你忽略了人的特殊性、人的因素，所以常常其實是你在塑造人，要把人塑

造成一個模子，去適應你所創造出來的社會。我個人覺得，這是波普爾的批評中最強而有力的一點。

五、理解歷史（命）定論主義如何幫助歷史研究

綜觀十九世紀晚期以來的歷史，看是否有些社會落入了這樣的陷阱，落入了歷史定論主義的陷阱。我認為這是本書主要的意見之一。我的想法是，這本書所批評的對象是現代性的一種特殊形式，或者一種極端的形式。所謂極端形式是指，人們對於人們的知識開始充滿了樂觀。從十七世紀、十八世紀，由文藝復興晚期一直到所謂的啟蒙，到啟蒙之後的再啟蒙、工業革命的發展，人們越來越發現自己有能力，越來越了解人、了解社會、了解自然。好像我們知識的進展，已經給我們一把鑰匙，可以用這鑰匙開啟，可以知道到底整個自然是什麼。人也是自然裡面的一部分，所以我們可以了解所有自然。我們當然可以了解自然的法則後面有一個法則：這隱含的意思是，人有些不變的特質（Human characters，或者humanities）；或者用十八世紀的人講，人的科學（the Science of Men）可以幫助我們理解人的全部。到了二十一世紀，很多人說現在早已過了後現代，人們已經不相信現代的種種說法了。以前人們相信，我們可以掌握明天，我們知道明天會怎麼樣，而我們可以掌握它，調整它，然後號召集體，然後造成輝煌燦爛的明天，這肯定做得到。有人說，上述這種樂觀的態度已是明日黃花。假設是這樣的話，明天全不可知，那我們在人文學，尤其是歷史學閱讀這本書的時候，還有什麼幫助？我認為至少有一個很大的啟發。譬如說，如果有人要研究革命的歷史，我覺得它對我們還是有非常大的啟發：「革命」的意思是什麼？尤其是如果你研究文化大革命。剛剛我們講到，如果我們用一個全盤性的計畫，那我們常常造成一個結果是：原本我們要創造一個理想的社會，讓人類可以更美好地生活；可是結果常常會是，我們所創造的社會其實只是我們將人成塑造成一個模子，然後把人塞到那個社會的框架裡面去，這是一個有啟發性的一個洞見。

但是在歷史、在人類的歷史或者過往裡面，有沒有這些陷阱？其實很

多的社會，或你說可以被稱爲集權主義（totalitarian）的社會中，政府的權力是比較全面性的。而它所創造的社會其實在很大的層面上，是一直要把人性創造成一種「固定」形式，去符合某種社會，而不是創造一個社會去符合不同的人性、不同的人的需要、每一個不同的個體的需要。Totalitarians是把你的需要，或是把你的現況減縮到最小。如果歷史定論主義者是把歷史化約了、把歷史化約成一種單線的進步、概化，那他其實結果是化約了人性，把人原本不同的各式各樣的想法，甚至把很瘋狂的想法或需要化約到最小量或最小差異化的狀態。譬如說，好像忠孝仁愛信義和平就夠了，或者只要給你物質享受、你就一直消費就夠了、或者讓你在家裡面一直上網、異想天開這樣就夠，這都是一種化約。可是人顯然不能被如此對待。在某個意義上，如果我們相信存在一種「人的哲學」的話，那就是人很難被化約。

　　講到這裡，我要談一段原著中所沒有的內容。我並沒有比對本書英文版與中文版，我認爲中文版翻譯得雖然不是很好讀，可是這不是翻譯的問題，而是作者波普爾書寫的關係。可能我們不習慣波普爾那種科學哲學的語言。你如果讀英文的話，英文本身不難讀，只是我們不容易理解他所用的概念。這個問題不會因爲翻譯而消失。而且正因爲它翻得好，所以它很如實的呈現了、再現了那個困難。我覺得這很好。可是中文版裡面有個附錄，卻是我手邊的英文版所沒有的。我不知道這個附錄是怎麼選擇出來的，我覺得選得非常好。在附錄的部分，就是我中文版的兩百頁有一段，我覺得特別有意思。這一段說：「當我們一旦著手去發動社會革命，並且抹煞其傳統，我們其實無法隨一己之意，而使這個革命的過程隨時中止。」

　　在革命過程裡，所有的事物都受到質疑，包括善意的革命者的目標。革命的現象是：所有人都一直往前走，所以爲什麼很多革命開始的人，其實後來被認爲是保守派，像是法國大革命時期自由派的康多塞（Marquis de Condorcet, 1743-1794），俄國的托洛斯基（Lev Davidovich Bronshtein, 1879-1940）。他們後來都被砍頭了、被流放了。因爲革命的一個最

大特色，就是它要再進步，它要再改革，它要不斷的革命。所以爲什麼1949年中國革命之後，還會來一場文化大革命，還有人會變黑五類。因爲他不夠革命，他的革命性還不夠。幾乎所有的革命社會，都會有這樣的特色。那波普爾在此處所說，當你開始一個新的Scheme，所有人就沒辦法停下來。就像歷史上的重大踩踏事件一樣，幾萬人衝進一個場所，忽然來一個火災，就會發生踩踏，你停不下來，後面人一直推著你，這就是革命。在一個革命過程中，所有的事物都受到質疑，包括善意的革命者的目標。

有位叫哥雅（Francisco José de Goya y Lucientes, 1746-1828）的西班牙畫家，十九世紀初他畫了一幅畫，在他的*Black Painting*這幅畫作裡面，就是Satan吃自己的小孩。他描述的是法國大革命之後，法國大革命後來有所謂的恐怖統治，就把原本支持的人吃掉了。因爲他們不夠激進。原本這些革命者有善意的目標，可是他也被質疑，以及從革命所摧毀的社會當中，所衍生出來的，也是社會一部份的目標。所有的目標都會被質疑。革命的意思是歷史不應該停在這，歷史是屬於未來的。有的人說，這些他們都不在意，他們最大的希望是把舊的事物都抹殺殆盡，創造一個潔淨無染的社會，從而重新建立嶄新的社會體系。但是他們卻不應該感到驚訝，如果他們自己有一天發現，當他們把傳統摧毀了之後，文明也就隨之而消失了的話。他們將會發現，人類倒退到亞當夏娃所處的情況中，或者我們用一個比較沒有《聖經》意味的話來說，他們會發現他們又回到野獸的時代。這個說法當然相當地渲染。我不是說所有的革命後社會都是這樣，可是很多的革命後社會有波普爾所描述的這個狀況。

不過我們當然可以從另外一個角度來看革命，也就是歷史性的、用歷史主義的方式去了解爲什麼會有革命發生。我們用歷史主義的方式去了解革命的時候，我們所謂的歷史主義，不是一個歷史命定的歷史，而是一個脈絡化的歷史。我們一定要在歷史的情境之下，用換位的角度去理解：爲什麼那個時代的人、想法、革命的想法會被接受？這些想法並不是一開始就被接受。爲什麼有些革命的想法會被接受，我們是在做歷史的解釋、因

果推論，同時也是在強調革命的意義。在這裡，是否我們會說，這個革命是不可避免的？當我們說革命是不可避免的時候，我們是不是落入一種歷史命定主義？或者歷史決定論？波普爾的說法，可能有時候可以幫我們解決這個問題，可是有時候可能更加深對歷史的質問。我的意思是說，清朝為什麼會滅亡？為什麼會有共和建立？我們怎麼樣問這個問題？我們問了這個問題，合不合理？然後我們怎麼樣來回答這個問題？我們用很粗略的方式去說，大概有兩種答案，一種是清朝滅亡、帝制消失是一種偶然；還有一種說法是必然。其實今天沒有孫中山（1866-1925），還有另外一個人，也就是說不管怎麼樣、不管那些局部的偶然性的條件爲何、那些個人爲何，清朝政府就絕對不可能在當時的世界，或當時的亞洲政治或國際政治裡面存在，它絕對會滅亡。當我們這麼說的時候，對我們的歷史研究究竟有沒有幫助？其次，當我們這麼說的時候，我們是不是就已經落入一種歷史決定論？波普爾可能會說不一定。當他說不一定的時候，他可能是說當我們說今天即使沒有孫中山，也會有另外一個孫中山。這個意思不是說歷史有一個法則，而是今天的重點：當我們假設我們有一個研究的或觀察的一種hypothesis，就是說清朝不管怎麼樣，它就沒有辦法生存下去，它即使熬得過1911，它也熬不過1917，或熬不過二次大戰。可能當我們這麼講的時候，我們其實不是說歷史有一個法則。剛剛好相反，我們的意思是說，清朝不能存在是一種特殊的情境之下所造成的，是在一個特殊的狀況下，而不是在一個法則下所發生的。這跟波普爾所批評的對象不同。其實波普爾主要批評的對象是馬克思。馬克思的歷史命定主義所要說明的，不是個別的民族國家或一個社會，而是整體的人類。這是一個非常末世的觀點。末世在這裡不是一個宗教上的消失，而是歷史最後的呈現。這是黑格爾或是馬克思的傳統，歷史會有一個終點the end of history，例如社會主義或共產主義的出現。因爲歷史一直有兩種力量的鬥爭，然後最後一定會造成這個結果。而在黑格爾跟馬克思的理論，他們所謂的最後其實是全人類，而不是局部的。可是，當我們講清朝的時候，其實是我們說假設清朝一定沒有辦法在那些力量的衝擊之下，而繼續維持那種制度存在的話，

肆　歷史的邏輯與歷史研究的態度──一個自由主義的觀點

061

其實我們不是在講一個法則，而是一種非常特殊的條件。我們在說的condition是historical。我們是不是可以這樣來談。

　　除了這個問題，我們可以再問波普爾一個問題。在101頁他說，其實社會科學跟自然科學的方法應該是相同的：理論、預測跟試驗、再驗（verification）其實都是一樣的方法。101頁說，科學不能像某些經驗主義者所講的，要從觀察或資料的收集入手。事實上在我們收集資料之前，對於收集某種資料這個問題一定要先被引發出來。問題總是先來的。我們先要有一個問題，我們不可能從觀察入手。可能自然科學是這樣。我們不是觀察很多的現象，然後用歸納法，發現所有的東西都會掉下來，然後依此歸納出一個理論。而問題的本身，則又可能是由實際的需要所引起的，或者是由於某些科學的先科學的觀念所引起的，這些觀念可能基於某些緣故而有待修正。所以這是一個循環：我們有一個問題，然後我們會形成一個觀念，可是我們透過研究實驗試驗，然後會再去修正，而我們不是從經驗的收集或者資料收集來開始做研究。那我們歷史研究者的方法是什麼？我覺得這個對歷史研究者來說也是有意義的一個問題。我們收集了很多資料入手，然後想：這裡頭是否有一個（重要的）問題可以做研究？還是我們其實是先有一個問題，然後再去用這個問題去導引，然後有一些相對應的觀念，然後我們研究再去改變這些觀念，最後得到我們的結果？我覺得這是值得我們來討論的，當然兩種方式都可能同時存在。就我所知道的，而且在我所理解的，可能今天其實是從資料的收集入手的歷史學者比較多，比先從問題出發的歷史學者還多。在此我沒有能力判別孰是孰非，或者兩者的比重應該分別是多少。但是我依然覺得這個是有意思的問題。可能人文學的研究基本上，的確就跟自然科學在實際的操作下面，實際的經驗談上面，會有些不同。至少乾嘉學派，都是先從資料收集，而不是從問題開始。

六、反歷史定論主義的歐洲傳統 —— 古典自由主義的觀點

　　介紹完這本書的內容，我想從西方知識的發展以及自由主義這兩個脈絡來談這本書，以及歷史定論主義這個課題。簡單的說，波普爾代表西方十八世紀以來的自由主義思想傳統，而「歷史定論主義」則代表歐洲十八世紀晚期以來理性主義傳統與對人類智識發展的樂觀主義。這兩種思想傳統都非常複雜，無法在此簡單交代。我只能以幾個我比較熟悉的思想家分別代表這兩種思潮，來結束這個導讀。有關古典自由主義的傳統，我以亞當·弗格森（Adam Ferguson, 1723-1816）為例。有關智識樂觀主義，則以斯圖雅特（Dugald Stewart, 1753-1828）以及康多塞（Condorcet, Marquis de, 1743-1794）為例。

　　容我以「社會科學的牛頓」這個比喻性的修辭進入古典自由主義vs.智識樂觀主義的兩重問題。在本書49頁，波普爾特別強調局部性技術的重要性。我自己對局部性技術的理解是，社會學或一般的社會科學界，不應該尋找他們的牛頓（Sir Isaac Newton, 1643-1727）或達爾文（Charles Robert Darwin, 1809-1882），而是應該尋找他們的伽利略（Galileo Galile, 1564-1642）或者巴斯德（Louis Pasteur, 1822-1895）。波普爾的意思是說，社會科學應該用實驗性的，或用比較是歸納法的方式，而不是相信一種普遍宣稱，普遍主義，或企圖建立完美的系統。社會科學或者歷史學有一個系統性的系統，像牛頓或達爾文這樣的一個體系的學說，一個理論的作品？其實我們常常碰到一些帶有本質論或系統性論述的歷史作品，只是未必很措意，很警醒的看待。譬如說有些歷史學家會說，羅馬帝國是向外擴張的，中國是向內凝結，這是錢穆（1895-1990）有名的論斷。但這其實是一種本質論。我們習慣說，中國文化是如何，印度文化如何，美國人怎樣如何，都很可能掉入本質論的誤區。社會科學究竟是否應該要去消除我們這些本質論的某些意見？若是，該用什麼方式去消除？抑或者，歷史學或社會科學也可以企圖證明某些本質論意

見的有效性？我覺得些問題對歷史研究會很有啟發。讀完這本書，會讓我們對類似的論斷更加敏感、敏銳。那麼，究竟歷史學界有沒有牛頓呢？波普爾這本書是我大學時代買了卻立刻束之高閣書本之一。這本書的印刷、紙張、印花、浮水印，都很漂亮；現在這樣的印刷品也不多了。當時還有一本很流行的書，叫《超穩定結構》。作者金觀濤認爲中國是一個超穩定結構。雖然中國歷史有很多的變化，有很多的想法。但是，不管中國歷史有一些新奇的想法或有一些試圖的變化，都在這個超穩定的結構裡面被壓縮掉（suppress）或被其他力量或條件抵銷。這是一種非常牛頓式或達爾文式的系統論。其實也是帶有決定論或本質論色彩的歷史觀點，如果從波普爾的角度來說，這是一種知識上誤用的一種著作。但是在十八世紀晚期的歐洲，歷史學界的牛頓卻不必然是全屬惡名。至少從斯圖雅特（Dugald Stewart, 1753-1828）的角度來講，能以原則、系統等方法來研究人類歷史經驗，是一項非常了不起的工作。斯圖雅特是十八世紀晚期，愛丁堡大學的哲學與道德哲學教授。他應該是第一個把「政治經濟學」這個名稱作爲課名的教授。他曾經批評過他的前輩，譬如說亞當・史密斯（Adam Smith, 1723-1790）這些人。他說，儘管他相當欽佩這些人，不過有一點讓他覺得有問題，這些人講了一個歷史演化的觀念，認爲人類歷史不管怎麼樣都一定會從漁獵社會，變到遊牧社會，再到農業社會，進入到工商業社會，這是歷史的進步。他說這種歷史學方法，叫做臆測性的歷史學（conjectural history），這就跟後來的馬克思一樣，是一種臆測性的歷史學。他覺得這是有問題的。不過他自己卻從另一角度，也講了一句帶有決定論色彩的話。他說人類的心智的發展，在人類的演化的過程、在人類的漫長的進步的過程裡面，會受到一些挫折。例如基督教的興起與中世紀士林哲學的興起會壓抑人們對於太多的思考——如果一切以聖經爲原則的話，那你甚至連地球自轉的話都不能講。斯圖雅特說，即使人類的歷史過程裡有一些退步，有一些挫折，可是最終人類的心智（mind）還是會「集體的」向前向上發展。這話就有命定論的味道。

我們大概可以發現，歐洲人在十八世紀末到十九世紀的時候，已經普

遍相信人類心智的必然開展。法國數學家與哲學家康多塞，有一本很有名的書就是講人類的心智發展的歷史。他把人類分為十個時代，每個時代越來越進步，也就是人的mind越來越發展。從十九世紀初以來，波普爾所批評的智識樂觀主義的聲音就已經相當宏亮。我要講的重點是，斯圖雅特曾說，如果孟德斯鳩是我們人文學裡面的培根的話，那亞當‧史密斯就是我們人文學的牛頓。因為亞當‧史密斯創造了一個體系。譬如說亞當‧史密斯的《國富論》裡面告訴我們，人類的經濟行為有一個原則、有一個律則（Law）；譬如說物價一定會在「完全競爭」市場中達到一種均衡；譬如說人類的進步，一定是根據分工的原則而開展。分工越細，社會的物質的發展會更強，這是原則、這是一個法則，也就是牛頓式的歷史觀察與描述。波普爾這本書主要批評的對象看來都是十九世紀的知識人，包括彌爾與馬克思所代表的歷史命定主義的知識傳統，其實正是歐洲在十八世紀末開始追求的一種知識範式。上面我講的那幾本書如斯圖雅特或者亞當‧史密斯、孟德斯鳩（Charles Louis de Secondat, Baron de La Brède et de Montesquieu, 1689-1755）等等，其實都是彌爾小時候讀的書。有人說馬克思有幾個思想的源頭，一個當然就是啟蒙，就是理性主義、相信科學；另外一個是浪漫主義例如盧梭，相信人原本的崇高與純潔，同時相信人可以達到絕對平等，而且人應該要絕對平等。馬克思對亞當‧史密斯的政治經濟學顯然也非常有心得。關鍵在於，十九世紀的知識人都以無可避免的，系統的進步，來看待人類智識與社會的進展。而且他們都深信，這也是多數十八世紀知識人的信念。其實這一點歷史判斷很值得商榷。

波普爾在這裡所談的holistic的觀點，在十八世紀，有另外一個表達方式，就是文明概念。在波普爾的書的中文版裡面有個很有趣的結語，（是中文書的結語，不是英文書的結語）我覺得這個結語很有啟示性。他說歷史定論主義者的革命和大多數的革命一樣，似乎沒有對歐洲思想中有神論及權威主義產生多大的衝擊。這是一個充滿諷刺性的說法，波普爾的意思是說，從十八世紀到二十世紀，歐洲社會的基本模式（framework）其實還一模一樣。早先的自然主義是個反對上帝的革命，用自然取代了

肆 歷史的邏輯與歷史研究的態度──一個自由主義的觀點

上帝。其餘的東西其實沒有變，只是變了一個名字而已，自然科學取代神學，然後自然選擇取代了上帝的計畫，以及上帝的裁判。即使是在達爾文的學說裡，社會的基本模式其實也沒有變。即使黑格爾、馬克思又用了歷史的女神取代了自然的女神，說「我們所有的經驗就是來自於歷史」，人只能從歷史裡面去了解自己，所以我們要改變歷史，於是我們有了歷史法則、歷史權力、力量傾向設計跟計畫，以及歷史決定論的萬能與全知。其實這種種宣稱與信念，只是將人變成上帝。所以馬克思可能會說，我們要在此地建立天堂，我們天堂不在來世，而在此世，而我們其實可以做到。那我提的一個補充是說，在十八世紀裡面，他最重要的一個概念是文明的概念，就是人類進展，人類文明化，人類會越來越文明。文明有好幾個層次，有兩個部分，一個是心智，我們的理解越來越多，我們理解越來越多的人種，以前你只知道家鄉，現在我不只知道國家，我還知道世界；另一個是物質，生產的力量會越來越強。文明是種開展（心智），也是種力量（物質）。如果借用波普爾所說的整體式的（holistic）歷史觀點，那最能代表歐洲第一波整體觀的歷史觀點，應該是十八世紀的文明論。

其實也就在十八世紀，人們對於到底文明會不會一直進步，有各式各樣的看法。這是我今天要講的最後部分，也就是「自由主義」的歷史觀點。波普爾這本書出版於1950年代，也就是冷戰時期。冷戰最重要的有兩個陣營，一個是西方世界，一個是以蘇聯為首的東歐集團以及竹幕中國。俄國實行的是大計畫、國家計畫。中國也是以國家的，而且是整體式的方法計劃如何全國大煉鋼、增加農產、超英趕美。一個政治、社會用整體的方式，要去改變一群人的時候，只能透過國家的方式來進行。這時候，國家也同時壓縮了社會的多樣性或可能性。這時對於自由主義者來講，相對的難題就是如何克服國家主義的問題。國家說現在要發展這個，不要發展那個。對於自由主義者來講，這種超級國家力量的行使，規定所有部門的價值優劣與排序，其執行的代價或風險非常高。如果用波普爾的語言來說明國家行使大計畫的正當性，國家主義可能就是歷史定論主義或者歷史的必然性。人類的集體目標或目的，應該朝向歷史的（集體）理

性。假設有所謂歷史理性的存在，它當然就是那個能夠揭露歷史必然性的方法。自由主義者最關心的問題則是：那麼，「個人」的角色呢？「個人」有沒有意義？同情左派的歷史書寫裡，集體、群體、階級，都很重要，也必然是理解歷史的重要方式。可是在歷史與政治之間，「個人」如果沒有角色的話，那「個人」的行為有沒有道德上的意義？用很直截的方式問——我個人還需不需要為我的行為負責任？歷史不會是我創造的，歷史是大家一起創造的，歷史是所有人一起創造的，這當然是對的。可是在什麼意義下，這種集體創造的歷史中，個人行為依然有道德意義？究竟集體的歷史發展是個選擇之後的結果，還是一個必然？波普爾有一個描述，雖然這個描述比較邊緣，可是也可以代表這種不安。就是托爾斯泰描寫拿破崙戰爭，在拿破崙入侵俄國的時候，俄國的軍隊就撤離了莫斯科。托爾斯泰怎麼寫這件事？他說，這時候俄國的軍隊必須逃離莫斯科，去找到食物吃，能維持俄國軍隊力量的地方，這是出於一種必然。托爾斯泰的意思是說，這不是出於將軍的選擇、判斷，而是出於一種歷史的必然。這就像黑格爾說人類的精神會有一種發展，從家庭到社會到國家；自由有一種發展，拿破崙的出現不是拿破崙自己個人意志的出現；拿破崙代表一種歐洲的自由精神，這是一種必然性；馬克思說資本主義會崩潰，或者福山（Francis Fukuyama）說人類最後歷史會終結，因為自由主義最後會勝利。全世界在全球化中，globalization都會實現資本主義，這就是有一種必然論在裡頭。必然論是說，歷史的最終結果不可避免。那麼「個人」還需要選擇嗎？「個人」選擇有意義嗎？必然論就是：即使你不服從，也會被捲進這個潮流裡。那麼，如果那位俄國將軍沒有帶領軍隊撤離，他有責任嗎？那個將軍帶領他的軍隊撤離莫斯科，以至於後來拿破崙失敗，這中間沒有因為出於選擇，而可以被評價的地方嗎？如果他的行為出於必然，歷史如何評價他？對於自由主義者來講，個人好像面對一個大洪潮，在列車轟隆轟隆往前奔馳的情境下，個人的行為，還有沒有意義？

在十八世紀有很多人會討論到這個問題，也有各式各樣的意見。我最後想用亞當‧弗格森（Adam Ferguson, 1723-1816）來作今天的結束。弗

格森寫了一本書叫做*An Essay on the History of Civil Society*，翻譯成《文明社會史論》。弗格森說，我們常常把文化跟自然對立起來看，這其實是錯的。文化其實也是自然的一部分，因為人是自然的一部分。所以我們其實研究自然也好，文化也好，我們研究的是同一件事情。那如何研究人？人的經驗只有歷史，所以我們也只能從歷史去看人。這些說法跟歷史定論主義其實很像。他說，人類當然都會進步，就像亞當・史密斯說，如果隨便抓十個男女，到一個島上不管他，或者把他們丟到天王星，一兩百年後去看，他們會發展出一個社會，一個制度，他會開始有農產品，開始以物易物，這種發展是一種必然。可是真的是這樣嗎？所謂的必然是一直會發展下去嗎？對於十八世紀的人來講，他們的問題沒有像黑格爾或馬克思這些德國哲學家們一樣，他們沒有認為人類的歷史會一直發展下去。相反的，他們認為人類的歷史可能會中止。正因為他們沒有那份樂觀，所以他們追問著，那麼歷史走向的最關鍵因素是什麼？弗格森會說，關鍵就是你決定怎麼做，這就是自由主義中，所謂古典自由主義，或者古典共和主義裡面最核心的態度之一。你可以結束它，所以你的decision是會有影響的。他舉的例子就是羅馬，這麼大的帝國為什麼沒有一直發展下去？羅馬共和為什麼會消失？羅馬帝國為什麼最後會失敗？沒有一個社會可以保證會一直發展下去。不只是政治制度如此，就經濟制度來說也是一樣。我們其實沒有辦法知道，三十年後、一百年後會是如何。也就是說，我們沒有辦法用整體性的觀點去了解人類的歷史。弗格森用一個譬喻，就是說我們其實是在很漆黑的晚上，人類有智慧，人類有理性，可是相較於這個宇宙，人類的智慧跟理性實在是太小了。人類不可能全知。波普爾說，人類就像在漆黑的晚上摸黑走。我們可以看到前面，可是看得不遠，所以沒辦法有一個整體性的計畫，因為我們只能看到前面兩三步。他的目的其實是：帶著一個prudence的態度。這種自由主義的歷史態度就引發一個很有名的一個概念，叫做unintended consequence，也就是「非意圖的結果」。如果今天看到一個民族或人類社會有今天的成就，那不是有一個偉大的人物設計出來的，也不是我們有一個議會（assembly），擬計畫，然

後開始推行，然後就會有好的結果。我們今天有好的結果，其實是每一個人在他所可見的那一、兩步（他的理性也可能包括他的錯誤）所創造然後集合起來的結果。這不是計畫，而是每一個人根據他有限的理性，跟他的激情、他的利害感而創造出來的結果，這叫「非意圖的結果」。這個說法，其實在海耶克（Friedrich August von Hayek, 1899-1992）跟波普爾的說法裡，佔有非常核心的地位。這剛好跟所謂的歷史定論主義，形成非常強烈的對比。

伍
吉朋史學的現代性
《羅馬帝國衰亡史》的解析

楊肅獻

臺灣大學歷史系教授

一、前言

今天要導讀是《羅馬帝國衰亡史》這部十八世紀的史學巨構。這次經典導讀系列挑選的名著中，只有《羅馬帝國衰亡史》是過去的名著，不過它並非希臘、羅馬的古典，而是一部十八世紀歷史家寫的古代歷史。

這部書出版於1776年到1788年間，是英國歷史家愛德華‧吉朋（Edward Gibbon, 1737-1794）的嘔心瀝血之作。一部兩百多年前出版的史書，今天還有什麼價值？我們為什麼還要讀它？這可能是大家要問的問題。

第一次聽到這部書，應該是在高中時期，當時大概就只知道書名，還有就是這是部名著。後來進入臺大歷史系就讀，記得西洋通史課堂上，老師講羅馬史時也提過這本書，但似乎只說這部書的文字典雅，但就羅馬帝國衰亡的解釋來說，沒有太多值得討論之處。有很長期一段時間，這似乎也是許多歐美和臺灣學者抱持的看法。

事實上，這部書在1776年出版第一冊時，就已經洛陽紙貴了，而且一直都是很受歡迎的暢銷書。在二十世紀初，英國著名的古代史專家約翰‧貝利（J.B. Bury, 1861-1927），重新對這部書進行整理考訂，將其分

成七冊重印，直到最近都是經常被使用的版本[1]。到1994年，另一個牛津大學的學者大衛・沃莫斯利（David Womersley，1957-今），以這部書的第一版爲基礎重新校定一過[2]，讓其回復到原本面目，並由英國的企鵝叢書出版，列入「企鵝經典」。

可以看出，這部書在出版後的兩百多年，不但一直有它的讀者，甚至逐漸奠定其在文、史的經典地位。假如《羅馬帝國衰亡史》只是文采典雅，而欠缺學術的實質，它爲什麼可以留傳這麼久？爲什麼一直能勾引起讀者閱讀的興趣？這個導讀希望從這個角度來討論：這部經典之作的書寫特色爲何？在西洋史學史上的地位爲何？爲何經過兩百年多年，至今仍值得一讀？

這個導讀分爲五個部分：

第一、吉朋如何得到書寫此書的靈感？

第二、簡介吉朋其人與其事：他是如何變成一個史家的？

第三、這部書的書寫架構：他怎麼書寫這本書？

第四，吉朋如何解釋羅馬帝國的衰亡？

最後，也是本文的重點：這部書的寫作在近代歐洲史學上有何意義？

二、古羅馬廢墟上的沉思

> 那是在羅馬，一七六四年十月十五日，我正在卡庇托山的廢墟沉思上，忽然傳來神殿裡赤腳僧的晚禱聲，我的心中浮出寫這座城市衰亡的想法。[3]

許多討論西洋史學的書，寫到吉朋的時候都會引用這一段文字。吉朋

---

[1] Edward Gibbon, *The History of the Decline and Fall of the Roman Empire*, 7 Volumes, edited by J. B. Bury (London: Methuen & Co., 1905).

[2] Edward Gibbon, *The History of the Decline and Fall of the Roman Empire*, 3 Volumes, edited by David Womersley (Harmondsworth, Middlesex: Allen Lane, 1994).

[3] Edward Gibbon, *Autobiography* (Oxford: Oxford University Press, 1907), p. 1.

在1793、1794年間，曾執筆寫回憶錄，要交代他成為一個「羅馬帝國歷史家」的心路歷程。這一本自傳並沒有完成，只留下六個殘稿，後來是由吉朋的摯友雪菲爾伯爵（John Holroyd, 1st Earl of Sheffield, 1735-1821）整理出版。這段充滿浪漫情調的文字，即出自這本自傳，道出吉朋起意書寫羅馬帝國衰亡史的因緣。

1764年10月，吉朋在他的「大旅遊」（Grand Tour）行程中，來到「永恆之城」羅馬。吉朋長年閱讀古典，熟稔古羅馬史，親臨羅馬城時，非常興奮、心情激動。根據他的回憶，他在10月15日這天，到古羅馬政治中樞的「羅馬廣場」（Roman Forum）探訪，內心有深刻的感觸。他坐在邱比特神殿原址上興建的教堂臺階上沉思，想到曾經輝煌一時的羅馬廣場已成廢墟一片，心中起了想要書寫羅馬衰亡史的念頭。

根據學者考證，吉朋當年沉思的地方，應就是卡庇多山（Capitoline Hill）臺階。就在這裡，他「心中首度浮出書寫這座城市衰亡的想法」。吉朋這裡提到「赤腳僧在羅馬神殿廢墟上唱晚禱」，極有意義。《衰亡史》的讀者都了解，吉朋認為「基督教的興起」是促使「羅馬帝國衰亡」的重要力量。我們知道，基督教傳播初期，曾遭受羅馬帝國的殘酷迫害，到四世紀才獲承認。羅馬帝國曾經那麼強盛，基督教都被踩在腳下；曾幾何時，帝國已不復見，而當初被迫害的宗教卻長存，其僧侶兀自在帝國廢墟上興建的教堂，唱著晚禱。這種對比非常強烈。

《衰亡史》第1章，開章第一段就描述羅馬在二世紀——從西元96年到180年——這鼎盛時期的盛況：

在基督紀元第二世紀，羅馬帝國據有地球上最富饒美好的區域，掌握人類最進步發達的文明。自古以來聲名不墜而且紀律嚴明的勇士，防衛著遼闊的邊界。法律和習俗溫和卻能發揮巨大影響力，逐漸將各行省融合成一體。享受太平歲月的

居民，盡情揮霍先人遺留的財富和榮光。[4]

　　吉朋以和緩的語調，娓娓道來「羅馬和平」（Pax Romana）的景象，但是最後一句語氣中似乎帶著一點嘲諷：羅馬人不懂得珍惜祖先遺留的財富與榮光。這句話是一個轉折，暗示羅馬帝國在巔峰時期已出現腐化的跡象了。《衰亡史》就是從帝國這個高點始它的敘述，寫帝國如何走向分裂的過程。

　　曾幾何時，羅馬帝國已經衰敗、瓦解了。第六世紀時，吉朋寫道，羅馬世界淪入悲慘的狀態。當時，帝國的中樞已經移轉 — 移到東方繼續存活，西部行省則先後消失不見，公共的、私人的財富消耗殆盡。吉朋感嘆說：「地球上那顆高聳的大樹，樹蔭下曾棲息過無數的民族。」這顆高聳的大樹就是羅馬帝國，無數民族曾在其保護下生存與發展。現在，這棵大樹「被砍掉枝葉，留下光禿的樹幹」。因為行省業已消失，財富自然也不見了，羅馬帝國淪為一無所有，只剩下一個荒廢的城市，「在荒涼的地面上任其枯萎」。曾經往來頻繁的大使、使臣，現在都到那裡去了？

　　　　世界首都不再引起好奇和進取的民族前來此地。但因機遇或
　　　　需要漂遊而至的外鄉客，會帶著驚懼的心情，觀望這空洞而
　　　　荒涼的城市，禁不住要問起：元老院和人民哪裡去了呢？[5]

　　上面這些引文談到羅馬的今昔，對比相當強烈。這樣的對照會觸動吉朋深層的內在感動，不難理解。這個感動就是激發他書寫這部經典之作的因緣。值得注意的是，吉朋當初只是想寫「羅馬」這個城市的衰亡史。但在撰寫的過程中，逐漸調整計畫，遂從一個城市的衰亡敘事，擴大為整個帝國的衰亡歷史。

4　Gibbon, *The History of the Decline and Fall of the Roman Empire*, Vol. 1, p. 1.

5　Gibbon, *The History of the Decline and Fall of the Roman Empire*, Vol. 5, p.31.

三、吉朋其人與其事

閱讀這部書前，不妨先認識一下吉朋這個人。吉朋成名後喜歡自稱是「羅馬帝國的歷史家」（Historian of the Roman Empire）。他長期閱讀羅馬帝國的相關資料，累積豐富的知識，以生花妙筆書寫出一部鉅作，讓他一夜成名。

吉朋會成為一個歷史家，並無必然條件。他出生在一個鄉紳家庭，本身無特殊的學術背景。他的祖父是一個布商，曾是英國政府軍需品契約供應商，因經商致富而置產，成為「鄉紳」（gentry）階級。吉朋父親是個紈褲子弟，上過劍橋大學，並沒有學術表現。吉朋在這樣的家庭出生，從一個傳統鄉紳子弟，成為一個著名的歷史家。吉朋沒有接受太多正式教育，他能成為羅馬帝國的歷史家，大部分來自自學。

吉朋在五歲的時候，開始接受啟蒙教育。他的父親聘請一些古典學者，當家庭教師教他識字、讀書。他到達上學年齡之後，也讀過幾個文法學校。但因從小體弱多病，經常輟學在家，上學斷斷續續，不像其他小孩可以正常學習。他因健康不佳而不喜歡運動，卻因請假在家靜養，無聊的時候就到祖父的書坊翻書，逐漸養成喜歡閱讀的習慣。他有一個阿姨，凱薩琳・波登（Catherine Porten）有一點古典基礎，在家帶他讀一些基本的古典書籍。後來在自傳裡，他對這段學術因緣有趣的敘述。

吉朋到十四歲左右，也就是1751-1752年間，健康狀況突然變好了。他父親依照一般鄉紳家庭的做法，幫他安排比較正式的教育，送他進牛津大學（Oxford University）。在十八世紀，牛津大學不用入學考試，鄉紳家庭子弟只要有錢，就可以安排就讀。吉朋是以牛津大學特別自費生（gentleman-commoner）身份，在1752年註冊為牛津大學學生。他在牛津僅就讀了十四個月。

吉朋進入牛津大學就讀後，對牛津的學術風氣感到失望，在他的自傳裡，對牛津大學有很不客氣的批評。在牛津大學，吉朋隸屬於「抹大拉學院」（Magdalen College），是一個很古老的學院。吉朋因為自學的關

係，在進牛津之前讀了很多古典書籍，累積不少半生不熟的古典知識。他本來期待在牛津大學，可以找到名師指點，一定可以有很好的收穫，可是到牛津大學以後，卻發現牛津的老師不像老師，學生不像學生。老師無心授課、指導學生，學生上不上課、來不來請教，都不在乎，而學生則一天到晚在酒吧社交、廝混。吉朋後來回憶說，他因沒有獲得好的指導，結交到一些「不對的」朋友，帶來麻煩。

吉朋認識一位信仰羅馬公教的朋友，在朋友慫恿下參加了羅馬公教活動。1753年，吉朋甚至被說服受洗成為羅馬公教信徒，這個舉動驚動了他的父親。

在十八世紀的英格蘭，羅馬公教仍舊受到禁制，上羅馬公教教堂、改宗羅馬公教，是一件很嚴重的事。根據當時的法律，一個人如果變成其信徒，會喪失公民權，不能進大學，不能當律師，不能當公務員，甚至不能從軍。吉朋的父親是很保守的人，知道兒子改教後很生氣，也非常緊張。為了清除吉朋在牛津大學感染的羅馬公教信仰，決定採取一種激烈的方式，讓吉朋從牛津退學，把他改送到遙遠瑞士的洛桑，去接受「新教」的思想改造。

吉朋是一個英格蘭人，可能懂一些拉丁文，但沒有學過法語，初到講法語的洛桑，人生地不熟，語言又不通，非常辛苦。幸運的是，他在洛桑有一個非常盡責的老師兼監護人，名叫帕維立亞（Daniel Pavilliard, 1704-1775）。帕維立亞是個喀爾文教派牧師，思想深受瑞士啟蒙運動的影響。在他的引導之下，根據其自傳，吉朋很快就恢復新教的信仰，讓他父親感到放心。

更重要的是，在洛桑，吉朋開始接受歐洲啟蒙思潮的洗禮，這是他在牛津大學得不到的。在十八世紀，牛津大學主要是訓練英國國教派教士的地方，學風甚為保守。吉朋在回憶錄中批評牛津學術的陳腐：

> 這些古老的團體已古老到足以沾染所有古老偏見與弱點。牛津和劍橋的學院成立於科學尚屬野蠻和錯誤的黑暗時代，它

們仍沾染其原始罪惡。它們的訓練員本是在培養教士，而其行政仍操在教士手中。這群人的舉止遠離塵世，眼睛被哲學的光芒照得眼花撩亂。[6]

　　當時牛津大學的學術，已遠離歐洲科學革命以來學問的進展。他在洛桑除了接受宗教思想改造外，也接觸啓蒙思潮，閱讀了包括貝爾（Pierre Bayle, 1647-1706）、洛克（John Locke, 1632-1704）、孟德斯鳩（Baron de Montesquieu, 1689-1755）等人的作品。這些閱讀對吉朋思想有深刻的影響。他後來在《羅馬帝國衰亡史》的解釋觀點，就是在這一種啓蒙思潮的影響下形成的。

　　吉朋在英格蘭時，已讀過不少古典著作。到洛桑之後，在監護人帕維立亞引導下，開始進入十七世紀以來以法國爲主的古典學術殿堂，包括古典考證、古物研究兩類學問。我們知道，近代早期歐洲的古典學術包含兩個分支：一支是古代經典的發掘、研究與考證，即「古典考證」（erudition），另一支是「古物研究」（antiquarianism），即古文物的蒐集、整理與考訂，如錢幣、古物、古蹟等。這兩類學術加起來，就是所謂的「人文主義古典學術」（Humanistic scholarship）。吉朋浸淫於此一人文主義古典學術傳統，成爲往後書寫《衰亡史》最重要的學術基礎。

　　吉朋的古典學術訓練，可以從他自1761年完成、出版的處女作《論文學研究》（*An Essay on the Study of Literature*）看出大概。這本書的主要目的是對文藝復興時代以來歐洲古典學術研究的價值進行辯護，內容顯示吉朋的古典學術基礎相當深厚。沒有這個訓練，不可能寫出《羅馬帝國衰亡史》這樣的史著。

　　1758年，在洛桑經過五年磨練後，吉朋獲得父親允許終於回到英格蘭。回英格蘭之初，他大多在父親的宅第讀書，繼續研讀希臘、羅馬古典作品，過著一般鄉紳子弟的生活。1761年，歐洲七年戰爭（Seven Years'

---

[6] Edward Gibbon, *Autobiography of Edward Gibbon*, p. 37.

War）正殷，他奉父親之命加入地方民兵訓練。從1756到1763年，歐洲爆發七年戰爭時期，英國與法國開戰。英國政府唯恐法國軍隊入侵，政府下令沿海地區各郡組訓民兵，守衛地方。吉朋隨著父親加入罕布夏（Hampshire）民兵南營，獲授少尉職銜。在民兵隊裡大約兩年，參與部隊訓練、行軍與操演。

這一段際遇，看起來好像和一個學者的生涯與興趣相矛盾，吉朋最初其實也有點排斥，抱怨軍事訓練使他沒有時間讀書。不過，他還是奉父親之命參加，不敢違抗。實際上，他的父親上讓他參加民兵營，目的不是要他去從軍，而是希望拓展他的人際網絡。當時，民兵營是地方鄉紳社交活動的重要地方，他在這個職務上有機會與地方要人交往，建立人脈關係。吉朋後來回憶這一段經歷，認為此一軍旅經驗，對其《衰亡史》寫作有很大幫助。《衰亡史》許多地方寫到軍隊、戰爭，軍旅經驗讓吉朋在寫作時，不致流於紙上談兵。

1763年，七年戰爭進入尾聲，英法結束敵對，民兵隨之解散。吉朋從民兵退伍後，得到父親首肯，計畫到歐洲大陸去進行一次「大旅遊」。當時，英國的鄉紳子弟在完成國內教育之後，大都會到海外去遊學，以增廣見聞、結交朋友。這種遊學之旅，短則半年，長則三、五年，視個人經濟條件而定。吉朋在1763年到1765年間，到歐洲大陸去大旅遊，目的地是巴黎、洛桑和羅馬。巴黎是當時歐洲的時尚之都，也是啟蒙運動的總部，吉朋想親身體驗法國的時尚生活，拜訪心儀的文人、學者。他在巴黎停留半年，造訪巴黎重要的沙龍生活，認識了重要的哲士，如霍爾巴赫（Baron d'Holbach, 1723-1789）等重要的啟蒙哲士。

吉朋大旅遊的第二站是洛桑，他的思想和學術的啟蒙之地。他在洛桑舊地重遊，又待了將近一年。在洛桑停留時，除了拜訪舊友外，他也為訪義大利和羅馬預做準備。他努力蒐集有關古代義大利歷史、地理、風俗習慣的相關著作，有系統地閱讀，並做了筆記，希望透過詳細的研究，收集古代羅馬和義大利的資料，以便探訪義大利時，可以有更好的認識。他甚至抄錄、整理了一本古代義大利地理的手冊。我認為，在洛桑一年對古代

羅馬歷史、地理的研究，對吉朋後來撰寫《衰亡史》，奠定很好的基礎。

完成充分準備之後，吉朋懷著一顆朝聖的心，從洛桑出發，越過阿爾卑斯山進入義大利。他經過米蘭、熱那亞、佛羅倫斯、比薩等名城，沿路尋幽探古，並在1764年10月2日進入「永恆之城」：羅馬。抵達羅馬的次日，他就迫不及待跑到「羅馬廣場」參觀，激起許多對羅馬帝國歷史的想像。吉朋四處尋訪羅馬的史蹟，兩週之後，10月15日的黃昏，登上卡庇托山上邱比特神殿廢墟，有了那一幕著名的沉思。

他在自傳中回顧當年情景，有一段提到當初接近羅馬城時，心中的那一股悸動：「我的個性不容易受到激動，而且我未感受到的激情，我也一向不屑於假裝。」吉朋是個溫文儒雅的人，經常維持泰然的心情，不太會有激烈的情緒變化，而一旦有所感動，也不會刻意掩飾。他繼續說：「然而，即使二十五年後的今天，我仍難以忘懷、也無法表達，我首次接近、踏入這座永恆之城時，內心的強烈悸動。」[7]這一段描述，即便今天讀起來，仍然相當生動。

四、《羅馬帝國衰亡史》的書寫

1765年四月，吉朋結束大旅遊，回到了英格蘭。完成大旅遊心願後，他開始計劃寫書，但並不是一開始就想寫羅馬帝國衰亡的歷史，事實上，在1765到1766年間，他雖已立定做歷史家，但是要寫什麼題目？仍然十分迷茫。他一直在尋找一個適當的題材，嘗試過不同題目，從「麥迪奇時期佛羅倫斯史」，到「瑞士民爭自由史」，到英格蘭伊麗莎白時期的人物「華爾特·里拉爵士傳記」（Sir Walter Raleigh, 1552-1618）。但是這些題目，他後來或因語言障礙，或因資料不足，或已經有人寫過，不易有突出表現，而宣告放棄。直到1766與1767年間，他才決定要寫一個自己熟悉的主題：羅馬帝國。不過，根據他的回憶，他原本只是想寫「羅馬」一城的衰亡史，最後卻從羅馬城的歷史興衰，寫成一個帝國衰亡的歷

---

7 Gibbon, *Autobiography of Edward Gibbon*. pp.156-159.

史。為何有這樣的轉折？吉朋並沒有說得很清楚。

吉朋應是從1768年起，開始構思他的大作；經過長時間的準備，大約1772前後，才動筆寫作。在寫作的過程中，吉朋曾有機會從政。1774年，他有一個朋友，把一個私人可以控制的國會席位，以兩千四百英鎊的代價相讓。吉朋因此有機會當了七年的國會議員。

吉朋當選國會議員，心裡自然非常高興。這時，他正在寫羅馬帝國史，又成為國會議員，可說是志得意滿，甚至把自己想像為不列顛的西塞羅（Cicero, 106 B.C.-43 B.C.）。西塞羅是羅馬共和時代的著名文人，同時也是元老院議員，文學與政治上都是翹楚。吉朋進入國會後志得意滿，意氣風發，自覺可以文學與政治雙全，和西塞羅相媲美。一方面，他正在進行《衰亡史》的寫作，文學上可以有所表現；另一方面，以他的學問與才氣，應能夠在國會殿堂大放異彩。

然而，沒有多久，他就失望了。十八世紀的英國國會，英才輩出，真是一個龍爭虎鬥的場面。吉朋坐上議席之後，看到傑出的議員，如柏克（Edmund Burke, 1729-1797）、皮特（William Pitt the Elder, 1708-1778）、謝瑞丹（Richard Sheridan, 1751-1816）等，莫不才氣縱橫，能言善道，發起言來經常就是好幾個鐘頭。面臨這種場面，吉朋發現自己怯場了，很是懊惱。他在回憶錄和書信裡，提到自己幾次在國會辯論中想發表處女演說，卻沒有勇氣站起來。在英國國會，議員的處女演說非常重要，如果演說的精彩，有可能一砲而紅，變成政壇名人；要是講得不好，遭同儕噓聲，政治生命就結束了。吉朋他說好幾次都想站起來說話，但是老覺得腳底好像有千斤重，就是站不起來。

經過第一個會期，吉朋認清現實，體認到自己畢竟不是搞政治的人，還是回到書齋寫他的羅馬帝國史，至於國會殿堂，只當一個沈默的旁觀者。不過，在七年會期間，他仍然準時出席國會議程，高坐在後座聆聽激烈的辯論，看別人的演出。他在寫給友人的信中，談到國會辯論美洲殖民地議題時說：自己沒有勇氣發言，什麼都不能做，只能「以誠摯的、無聲

的一票，支持母國權利」。[8]在英國與美洲殖民地的爭議中，吉朋選擇以沈默的一票，支持政府的立場。

吉朋做不成不列顛的西塞羅，只好回頭投入自己擅長的工作，安心當一個學者。他的平日作息，除了國會開會時定期出席、與倫敦文人圈社交之外，其餘時間大都待在他倫敦的寓所，寫作他的鉅著。

《衰亡史》第一卷的寫作過程相當波折。吉朋對寫作的要求極高，在寫作中間，文字一改再改，直到自己覺得滿意，否則不願隨便推出。這一部書，從1768年起開始構思，到第一卷出版時，已經是八年以後。

1776年2月17日，《衰亡史》第一卷在倫敦正式上市，且甫出版即轟動，一時間倫敦洛陽紙貴。吉朋深感驚喜：「我不知道應如何來描述這部著作的成功……，第一版在幾天內即告售罄，第二版與第三版亦幾乎無法滿足要求。」[9]他本對自己的書不是很有信心，只跟書商約定印五百本，結果一下子就賣光了。隨後追印了第二版與第三版，也都供不應求，在愛爾蘭還出現盜版。他後來很自傲的說：「我的書出現在每張桌子上，甚至幾乎在每位仕女的梳妝間。」[10]語氣容或有些誇大，但足以形容他的書的風行。他自己承認，由於時人的喜好或流行，這本書帶給他名聲。

吉朋之後在1781年出版第二和第三卷，這三卷敘述第五世紀，涵蓋西羅馬帝國的衰亡過程。

吉朋出身鄉紳之家，本人不善理財，僅靠父親留下的遺產生活。到1781年之後，他經濟發生困難，無法負擔倫敦的昂貴開銷，於是斟酌自己的狀況，決定賣掉在倫敦的家產，移居到他熟悉的瑞士洛桑。洛桑的生活花費比較便宜，又是他的舊遊之地，許多好友也在那裡。吉朋生命最後十四年是在洛桑度過的，《衰亡史》的後三卷就是在寧靜、優美的雷夢湖（Lemon）湖畔完成的。

1788年，《衰亡史》全部完成，整個故事敘述到西元1453年君士坦

8　Gibbon, *Autobiography*, p. 178.

9　Gibbon, *Autobiography*, p. 180.

10　Gibbon, *Autobiography*, p. 180.

丁堡陷落，拜占庭帝國滅亡。這時，距離他開始構思此一課題，已經過了二十年光陰：「有二十年快樂的光陰，我因在《衰亡史》上的工作而感到鼓舞，其成功給予我在這世上名聲，一個地位與一個身份。」[11]吉朋的整個聲望，他的歷史定位，都奠立在這一部書上面。

五、《衰亡史》的內容、架構與特色

《衰亡史》全書敘述兩個羅馬帝國的衰亡故事：西羅馬與東羅馬。全書分爲六卷，總共七十一章，敘事橫跨一千三百五十年，即從西元96年到1453年。如此宏觀的歷史敘事，自從古典時代結束以後，在歐洲的歷史書寫上，幾乎找不到第二人。

從《衰亡史》的目錄，可看出吉朋的敘事架構明顯經過精心的安排。這部書的前三卷，主題是西羅馬帝國的衰亡史。第一到第三章，描寫羅馬帝國的巔峰時期，敘述「羅馬和平」下的帝國政治、經濟、社會、宗教各方面的情況。從第四章以後，吉朋逐步書寫西元180年之後，帝國由極盛逐步走向衰敗的歷程，從一個高點寫到一個低點，中間經過多次的起伏。結構完整，理路清楚，文字典雅。

《衰亡史》後三卷寫的雖是東羅馬帝國的衰亡，很大一部分是在處理歐洲中世紀的變化。某個角度來說，吉朋也是在寫歐洲如何在西羅馬帝國瓦解之後，從一片混亂蛻變到近代歐洲的歷史過程。《衰亡史》可以有兩種解讀方式，表面上看吉朋是在哀悼帝國的衰亡，替羅馬唱悲涼的輓歌；但從後三卷內容看，他寫西歐，寫拜占庭，寫伊斯蘭，實際上在討論近代歐洲興起的基礎。吉朋曾在第一卷的凡例中告訴讀者，他的書是想在古代與現代之間建立一座橋樑，連接著古典時代與近代歐洲。從消極的角度看，兩個羅馬帝國衰亡固然令人感到悵然；但從積極角度看，近代歐洲國家都是羅馬帝國的繼承國家，若不是羅馬帝國瓦解了，怎會有近代歐洲的誕生？

---

[11] Gibbon, *Autobiography*, p. 219.

吉朋的回憶錄有一段文字回憶如何組織這部書。他說：在書寫過程中，他閱讀大量古羅馬作家的文本，包括塔西陀（Tacitus）、小普林尼（Pliny the Younger, 61 B.C.-113 B.C.）和朱文諾（Juvenal，二世紀初）等他素所熟悉的古典，並「深入拉丁文與希臘文的原作，從迪歐（Dio Cassius, 150 B.C.-234 B.C.）到阿米亞努斯（Ammianus Marcellinus, 330 B.C.-395 B.C.）的著作，由圖拉眞（Trajan，98-117在位）時代直至西羅馬帝國末期爲止」。[12]這些古代典籍構成吉朋書寫羅馬帝國史的主要資料基礎。

　　除了這些古典時代資料，吉朋也運用近代歐洲古典學者的古典研究成果。包括古物學者收集、整理的各種紋章、銘刻與年表等輔助資料；古典學者如提勒蒙（Le Nain de Tillemont, 1637-1698）、穆拉多利（Lodovico Muratori, 1672-1750），西格尼烏斯（Carlo Sigonius, 1524 B.C.-1584 B.C.）、馬費（Scipione Maffei, 1675-1755）、巴隆尼烏斯（Caesar Baronius, 1538-1607）等編撰的資料彙編、歷史等著作。提勒蒙、穆拉多利、西格尼烏斯、馬費、巴隆尼烏斯等，是16世紀到18世紀，歐洲研究古代史、中世紀史、教會史的重要學者。吉朋寫《衰亡史》時，特別是後三卷，即大量依賴這些人著作。

　　吉朋十分堅持歷史敘述必須眞實可靠，他在自傳中開宗明義說：「眞實，赤裸裸、毫不掩飾的眞實，本是史家的首要美德。」[13]這句話說明他相當堅持歷史家求眞的精神，這也是自古典時代以來歐洲史學的一個傳統。對吉朋來說，歷史家追求「眞實」，具體而言就是敘事應力求「精確」（accuracy），而所謂「精確」則是指言必有據。他對《衰亡史》一書敘事的精確，甚爲自豪，不但獲得他的同代史學前輩蘇格蘭史家威廉・羅伯森（William Robertson, 1721-1793）的背書，二十世紀古代史名家貝利也認同此點。

[12] Gibbon, *Autobiography*, p.171.

[13] Gibbon, *Autobiography of Edward Gibbon*, p.1.

「註腳」的大量使用，是吉朋寫作的一大特色。根據統計，《衰亡史》全書下了近八千個註腳，這八千個註腳猶如八千塊磚頭，構築出《衰亡史》這個偉大結構。這些註腳的引證顯示，吉朋主要是引用西塞羅、史特拉坡（Strabo）、塔西佗等古典學者的敘述。古典學者對自己時代的觀察，自然是書寫羅馬的重要資料。此外，吉朋也大量引證16到18世紀歐洲古典學者的研究成果，包括羅馬制度、文物、風俗習慣、藝術、地理等的考證，以填補古代學者敘述的不足。《衰亡史》引用的近代古典學者，大約四百多人，幾乎包含瓦拉（Lorenzo Valla, 1407-1457）之後三百年間，歐洲大部分的古典學者。吉朋書寫《衰亡史》，引用的資料之廣，真可說是前無古人，雖不敢說絕無來者。即便是現在，可有哪一本書下過八千個註腳的？

　　我們知道，現在史家做研究、寫報告，註腳都是必備工具，以證明其學術信用。註腳的起源也許很早，但在歷史著作中把註腳的功能發揮到淋漓盡致的，乃是吉朋。現代史家下註腳，通常只用來標明資料出處，以示所提論點、所作論斷有所憑據。吉朋使用註腳的功夫獨到，裡面隱藏了他的許多歷史思維[14]。他時常在註腳中評論資料的良窳，說明他對資料的選擇，訂正史料或學者的錯誤。甚至有些敘述，在正文裡不便表達，就把他放在註腳裡，兼顧了文字的典雅與歷史的事實。吉朋的註腳內容豐富，運用巧妙。他經常在註腳中與古人對話，與近代論辯，做今古的比較，呈現一個有趣的知識世界。

　　這裡引用一個例子，來說明吉朋怎麼運用「註腳」。《衰亡史》第三章，吉朋談到奧古斯都建立的帝國體制時，下了一個註腳，說明這段敘述的依據基礎。他的敘述主要引證羅馬史家迪歐的《羅馬史》（*Historia Romano*）──這是他經常引用的古代史書之一，但是他又覺得迪翁對帝國體制的描述「過於鬆散、帶有偏見」。他即便尊重迪翁，對他的敘述不

---

[14] 參見：*Anthony Grafton, The Footnore: A Courious History* (Cambridge, Mass: Harvard University, 1999). pp.1-4.

見得完全接受，而有自己的判斷。歷史家自然不能信賴有偏見的資料，為求審慎，他利用他人的材料來互證：

> 為了要說明、經常為了糾正迪翁的錯誤，我提到了塔西佗，檢視了蘇東尼烏斯（Suetonius，寫《十二凱撒傳》），還查證下列近代學者的研究：布里帖利（Abbé de la Bléterie, 1697-1772）在《皇家銘刻與藝文學院集刊》的論文，波福（Louis de Beaufort, 1703-1795）的《羅馬共和史》，努德特（Noodt）和格羅諾維烏斯（Johann Gronovius, 1611-1671）1731出版的《羅馬法制》（lege Regia），格拉維納（Giovanni Gravina, 1664-1718）的《羅馬帝國》（de Imperio Romano），馬費的《凡容納描述》（Verona Illustrata）。

從這個註腳的內容，可看出吉朋如何運用資料來達到歷史寫作要求。他對歷史的求真態度是如此：古代學者寫的東西他不必全然接受，並利各種資料加以訂正——不單用古典史著和他對證，還用現代的考證加以補充。這就是吉朋《衰亡史》的敘述態度，即便現代歷史家都就不一定做到這麼詳細。吉朋對「註腳」應用的巧妙，對史學寫作來說，有很大貢獻。

吉朋在歷史寫作方面，還有其他突破前人做法的地方。例如，他常使用非文字的史料，來輔助迪翁、塔西陀之類文字資料的不足，包括錢幣、銘刻、紀念章等現在稱為物質文化的資料。以錢幣來證史，在現代羅馬帝國史研究上相當平常。但是，在史學史上，系統地運用錢幣等物質史料入史的，吉朋應是先驅人物。

舉例來說，《衰亡史》第三章敘述皇帝的繼承時，說道：「兩位安東尼皇帝才德兼備，統治羅馬世界長達四十二年之久。」兩位安東尼皇帝是指庇烏斯（Antoninus Pius 136-161在位）和奧里略（Marcus Aurelius, 161-180在位），是五賢帝的第四位與第五位。吉朋繼續寫道：「雖

然庇烏斯有兩個兒子，卻能以國事爲念，不顧家庭私利，將女兒弗斯汀娜（Faustina）嫁給年輕的馬可斯。」庇烏斯循涅爾瓦（Marcus Nerva, 96-98在位）立下的慣例，將奧里略收爲養子，並懷「毫無自滿、猜疑之心，眞誠邀請馬可斯共同處理國政」，最後也把帝位相傳。傳統上史家論五賢帝奉行傳賢傳統，總是強調：這些皇帝都恰好無子嗣，只好收養子來繼承帝位，因而建立傳賢的傳統。吉朋則從庇烏斯時期發行的錢幣上發現，這位皇帝其實有兩個兒子：「若非紋章與銘刻之助，我們還不知道有此事。庇烏斯眞是受人尊敬、值得懷念。」[15]庇烏斯這位皇帝有兩個兒子，卻沒有傳位給的兒子，依然而把它傳給奧里略。這說明庇烏斯的公正無私，能以公共利益爲重。因此，吉朋讚揚庇烏斯，認爲他的作爲讓人更令人尊敬。

羅馬帝國也遺留許多的銘文，十八世紀以前的歷史家很少利用，這與歐洲傳統史學著重「文字史料」有關。《衰亡史》突破這種傳統，使用相當多銘刻資料作爲歷史證據。例如，吉朋根據資料來推斷羅馬人和奴隸的關係。在《衰亡史》中，吉朋認定羅馬人基本上善待他們的奴隸，帝國時代的奴隸待遇並不差。何以這樣推斷？他在銘刻資料中發現，不少奴隸留下的書信，這說明許多羅馬的奴隸識字、有文采，顯示奴隸主待他們不差，還讓他們接受教育。那麼，羅馬人何以會善待奴隸？吉朋解釋說：「當歐洲、亞洲和非洲的主要國家，都統合在一個主權國家的法律體系之下後，從外國獲得奴隸的來源日益稀少。」過去羅馬人的奴隸來源是戰爭，俘虜的敵兵拍賣給羅馬人當奴隸。但在天下一統戰爭減少後，奴隸的來源就少了。沒有奴隸來源，怎麼辦呢？羅馬人只好改變方式，獲取奴隸來源：吉朋指出：「從外國獲得奴隸的來源日益稀少，羅馬人只有用溫和的手段和冗長的方式來獲得更多奴隸。」何謂溫和的手段？就是要善待奴隸，使其對你忠心，不會逃跑。冗長的方式又是什麼呢？就是鼓勵奴隸結婚生子，子女繼續當奴隸。奴隸結婚生子，長大成人需要一、二十年，

---

15 Gibbon, *The History of the Decline and Fall of the Roman Empire*, Vol. 1, p.76, n.50.

「以繁殖來維持需求」自是一種冗長的方式。很多羅馬家庭鼓勵奴隸婚配生子，「有田產的大戶更是如此」[16]。這些大戶需要人力，所以需善待奴隸，奴隸才會忠心，為其生產奴隸。

六、羅馬帝國衰亡的解釋

《衰亡史》的讀者，最關心的問題，可能會是：吉朋如何解釋羅馬帝國的衰亡？對於這個問題，讀者大都有一個印象：吉朋是把羅馬帝國的衰亡，歸咎「蠻族的入侵」與「基督教的興起」兩個因素。問一問一般讀者，如果他聽過吉朋這個名字，十之八九會給你這個樣的答案。一般教科書是這麼告訴他的。不過，假如你深入閱讀《衰亡史》，會發現實際上可能不是如此。

事實上，對羅馬帝國衰亡這個課題，吉朋並沒有提出一貫的、有系統的解釋。他在書的不同地方，都曾提到一些因素，但都沒有深入、系統的討論。他提到過皇帝的專制與暴虐、禁衛軍的跋扈與干政、軍團的互鬥與內戰、元老院的壓制與皇帝的獨裁。他也指責羅馬公民精神的淪喪，認為帝國時代羅馬人喪失公民參與精神，不願意再為國奉獻；批評羅馬社會的奢靡與腐化，斲喪羅馬人尚武精神。他指出，帝國擴張之後，外國財富滾滾而來，羅馬人享受這些財富，生活太過安逸，就不想再投入艱苦的當兵打仗生活了。

在吉朋心目中，「蠻族的入侵」與「基督教的興起」是導致羅馬帝國瓦解的力量，這是毫無疑問的。他在《衰亡史》的第九章與第十五章，分別敘述日耳曼民族的歷史與文化，以及基督教的興起與傳播。在最後第七十一章，他更說他的書主要敘述了「蠻族與宗教的勝利」（the triumph of barbarism and religion）。[17]無庸否認，蠻族的入侵與羅馬邊疆的蠻族化，基督教的傳播與羅馬人精神的變化，都是導致羅馬帝國本質的變化，

---

[16] Gibbon, *The History of the Decline and Fall of the Roman Empire*, Vol. 1, pp.39-40, n.51.

[17] Gibbon, *The History of the Decline and Fall of Roman Empire*, Vol. 7, p. 308.

使帝國無法再維繫。

　　不過，檢視吉朋的敘述可以發現，他雖然指出「基督教」與「蠻族」是導致羅馬帝國瓦解的兩大力量，似乎並未認定它們就是導致其衰亡的充分條件。事實上，基督教雖早在帝國傳布，但要到四世紀才被定為國教。在這之前，基督教的影響力並非絕對。此外，蠻族也是到四世紀之後，才對帝國形成致命殺傷力。在吉朋的敘述裡，「蠻族的入侵」和「基督教的興起」實質上只是外緣因素，並非羅馬帝國衰亡的根本原因。

　　物必自腐而蟲生。羅馬帝國的內部如果健全，外來力量的挑戰再大，也奈何不了她。那麼，羅馬帝國內部到底出了什麼問題，讓她無法抵擋蠻族與基督教的衝擊？在《衰亡史》的第八章吉朋指出：「羅馬的敵人在她的內部：暴君與軍人。」[18]從奧古斯都逝世後到帝國覆滅，皇帝的暴虐無道和軍人的專橫跋扈，一直是《衰亡史》輪番出現的主題。兩個因素持續、輪番作用，對帝國內部造成重大傷害，斲喪帝國的元氣，讓蠻族有可乘之機。

　　羅馬帝國何以會為「暴君與軍人」問題所苦？依吉朋的觀察，整個問題導源於奧古斯都（Augustus, 27 B.C.-14 A.D.在位）構建的獨裁體制。吉朋指出，羅馬過去的偉大，建立在共和體制之上：「羅馬共和的制衡精神，確保羅馬的自由，造就羅馬的偉大。」西元前31年，奧古斯都以武力取得政權，共和精神摧毀殆盡。在奧古斯都以後的專制體制下，羅馬公民失去參政的特權，如此一來羅馬人的個人利益與國家利益不再相連結。換言之，共和瓦解之後，羅馬人逐漸退出政治，政治上變成一群侏儒。羅馬人從政治領域退出，不再像過去一般為城邦獻身，羅馬帝國就失掉了主要支柱，最後只能依賴不可靠的蠻族、傭兵來防衛。這樣的帝國要如何長久維繫？

　　總之，一群政治的侏儒如何能夠支撐一個偉大的國家？這是吉朋對羅馬帝國衰亡提出的一種解釋。這一種典型「共和主義式」的解釋，應是受

---

[18] Gibbon, *The History of the Decline and Fall of the Roman Empire*, Vol. 1, p.195.

到塔西陀與孟德斯鳩的影響。

對於羅馬帝國衰亡問題，《衰亡史》在第三十八章有一段有趣的論斷，常被引用。吉朋寫道：

> 羅馬帝國的衰亡，乃是毫無節制的擴張，帶來的自然而無可避免的結果。繁榮埋下了衰敗的伏筆，而隨著征服的擴大，其毀滅的因子也倍增。一旦時間或災難移走人為的支柱，帝國龐大的構造遂被自身的壓力壓垮。[19]

羅馬由一個小城邦擴展為大帝國，但其結構沒有隨擴張而適當調整，以致無法負荷一個過分龐大的軀體。因此，在吉朋看來，羅馬帝國的瓦解是一種必然。這就好像蓋違章建築，原本五層樓的設計，卻加蓋到十層。一旦原來的基柱撐不住，整棟建物只好垮掉。這是一個富有哲思涵義的反思，雖然有點抽象，也沒有指明羅馬帝國衰亡的具體因素，卻可能是對羅馬帝國何以衰亡的最佳詮釋。

整體言之，讀者很難從吉朋的著作整理出一套完整的說法，以說明他如何解釋羅馬帝國的衰亡。對我們而言，這本書的重要或許不在於他如何解釋羅馬帝國的衰亡，因為無論他的說法為何，那也是十八世紀的觀點。過去兩百年來，很多新的研究都增進我們對羅馬帝國的理解。對21世紀史家來說，吉朋的解釋在思想史上的意義，可能要高過學術上的價值。我們與其爭辯什麼是吉朋對羅馬帝國衰亡的解釋，不如去認識他如何描述羅馬帝國的衰亡過程。一個諾大的帝國，在一千多年的時光，從高峰逐漸走下坡、最後甚至瓦解，猶如一篇壯闊的史詩。只有吉朋的才華，才有辦法把它的故事敘述得那麼生動，發人深省。

---

[19] Gibbon, *The History of the Decline and Fall of Roman Empire*, Vol. 4, p. 161.

七、吉朋史學的現代意義

最後，我們要談談，處在二十一世紀，我們應該怎麼看、讀這一部書？這一部十八世紀的史書有何現代學術意義？

前面說過，人們提到《衰亡史》時常抱有一種偏見，以為它不外就是文采典雅，但內容只是傳統的敘事：一種敘述史學、過時的政治與軍事史。在二十世紀前半期，當社會經濟史當道時，這種批評似乎順理成章。現代的讀者也許還會覺得吉朋的內容──軍人干政、皇帝起落、戰爭頻頻──單調乏味、沒有意思。但吉朋是一個十八世紀人，他選擇敘述的課題與他的詮釋，有他的時代脈絡。然而，從史學史的角度，吉朋的寫作方式仍具一定的現代性。

當代學者談起近代史學，總喜歡從十九世紀德國的史學革命講起，認為蘭克（Leopold von Ranke, 1795-1886）創立「考證學」（philology），建立近代的「科學史學」。這種說法太過簡化。把現代史學的發展斷自十九世紀德意志，會錯失現代史學的一個重要根源。十九世紀德國史學革命包含兩個層面：一是歷史考證，一是檔案使用[20]。檔案的使用和十九世紀中葉歐洲各國檔案開放有關。當時，開放的檔案大都是政府的軍事與外交文件，故十九世紀史學中政治史與軍事史的興盛。至於考證學，那並不是蘭克發明的新學問。在歐洲學術中，考證學有一個長遠的傳統，從文藝復興時期開始，中間經歷三百年，到蘭克時發揚光大。考證學是十四世紀義大利人文學開始發展的一種治學方法，佩托拉克（Francesca Petrach, 1304-1374）是最早的從事者。真正建立考證學的是瓦拉，他致力發展一套精確的考證方法，以考訂文獻真偽問題。我們必須從這個角度，才能理解吉朋此書在近代歐洲史學史上的意義。

吉朋是一個十八世紀的歷史家。人們或許會問，一個十八世紀的學者，如何能夠真實地掌握、敘述古代、中世紀那久遠的史事？吉朋之

---

[20] 參見：Herbert Butterfield, *Man on His Past* (Cambridge, 1969), pp.51-61, 75-85.

前，多數歐洲學者會認爲不可能。近代早期歐洲史家傳承古代的史學傳統：修西底德傳統。古希臘的歷史家修西底德（Thucydides, 460 B.C.-400 B.C.）撰寫《伯羅奔尼撒戰爭史》（The History of the Peloponnesian War）一書，在書中建立一個歷史寫作原則：史家應以親眼見證的事實作爲歷史寫作的主要依據[21]。史家敘述史事時，換言之，必須眼見爲憑，只能書寫他親見的事物；他無法親自見證的事件，不敢逕認爲其眞實。如果史家不能親眼見證，則必須找曾見證過者來對證。換言之，根據修西底德，只有史家見證的事實，才是可靠的事實，才能夠據以寫史。有了這個前提，歷史家能寫什麼樣的歷史呢？顯然，他只能寫他經歷過、見證過的歷史，也就是現代史或當代史。

自修昔底德以來，歐洲歷史家寫的大都是當代史。他們不敢寫古代史，爲什麼？因爲他們認爲找不到可相信、確證的事實做寫作的依據。修西底德的《伯羅奔尼撒戰爭史》是他的當代史；波里比烏斯（Polybius, 200 B.C.-180 B.C.）的《羅馬史》，最具新意的部份是他經歷的當代，至於古代部分大都是傳抄前人著作。這樣一來，就逐漸形成一個傳統：在吉朋之前，嚴肅的歷史家大都不願寫非當代的歷史。當然，由於市場需求，還是有不少人去寫羅馬史，但這類羅馬史大都只是一種編纂，拿前人的著作加以改寫、重編，如是而已。十七世紀初，英國哲學家培根（Francis Bacon, 1561-1626）寫一本書，叫作《論學術的進步》（The Advancement of Learning），其論歷史部分有段話最能反映上述心態：

> 我不期望能給希臘一部從帖西烏斯（Theseus）到菲羅波伊門（Philopoemen）時期的完整史；……或給羅馬一部從羅慕拉斯（Romulus）到查士丁尼（Justinian）時期的完整歷史。在這一歷史系列中，前者有修西底德與贊諾芬（Xenophon,

---

[21] Thucydides, *The History of the Peloponnesian War*, trans. by Rey Warner (London: Denguin Books, 1954, 1972), p.48.

c.428-c.354），後者有李維，波利比烏斯……。這些都應保
全下來，毋庸作任何修剪，只需添增或者續加。[22]

　　培根主張十七世紀史家無法寫完整的古希臘與羅馬歷史。這類古代的
歷史，必須信賴古代史家，因為他們離古代不遠，所寫的就是權威。我們
必須接受古代的歷史，而對古代歷史，後人頂多只能增補，不可重寫。這
反映的是吉朋以前多數歐洲史家看待古代史的心情。

　　在文藝復興時代，因古典研究興起，情況有了變化。古典學術的目
的，是要透過古代典籍、文物的考證，發掘古代的史實，藉以回復古代
社會的全貌。在文藝復興的人文運動裡，研究古代文本是發掘古史資料的
第一步。佩托拉克的主要工作就是在尋找、整理、研究西塞羅的書信之類
文字資料；佩托拉克之後，新一輩人文學者逐漸把研究對象，從文本擴展
到古文物，包括錢幣、紀念建築、銘文等物質史料。這些研究讓人文學者
發現很多新的證據，它們的可靠性與史家的見證沒有什麼差。比如說，你
挖掘到一個古羅馬紀念碑，這個紀念碑儘管被埋沒了2000年，仍然是羅
馬遺留的實物，貨真價實的一手史料，裡面可能蘊藏許多古羅馬的政治、
社會、文化的實證訊息[23]。從這類資料，歷史家可以對古代史產生新的認
識。這些物質的或文物的資料，和史家「見證」提供資料，在正確性或可
靠性上沒有什麼差別。

　　經過300年的努力，歐洲古典學者累積了豐富的古羅馬社會、政治、
文化、風俗等的可靠資料。當時人如何看待這批研究？早期的古典學者，
除了少數明星級者外，大多不在學術界的主流，雖做很多研究，卻很少受
注意。他們大都是在考訂文本或文物發掘，工作瑣碎，常被譏為玩物喪
志，意義不大。實際上，他們的研究為後世古代史寫作提供了新的基礎，
只是當時無人能慧眼識珠，看出它們的用處。但是，吉朋卻有獨到的觀

---

[22] Francis Bacon, *The Advancement of Learning* (London: J.M. Dent & Sons, 1962), p. 75.

[23] 參見：Arnaldo Momigliano, *Ancient History and Antiquarian*, in Momigliano, Studies in Historiography (London, 1966), pp.1-27.

察。他對古典研究很有興趣，慧眼獨具地看出它們的價值，知道這批看來瑣碎的資料可以用來重建古代歷史的真相。他利用錢幣、銘文等資料，來協助重建羅馬帝國衰亡史，證明一個十八世紀人也可以用實證的資料，來書寫古代歷史。他雖然未能親見古代羅馬，但羅馬人遺留下的豐富文物，就是羅馬歷史的直接見證。羅馬帝國雖早不存在，但遺留的文物並不會改變，它是羅馬歷史最直接的見證。

　　吉朋在洛桑讀書時，大量收集、閱讀近代古典學者的研究。在十七、十八世紀，歐洲古典學術最發達的地區是法國、比利時、荷蘭等地。這些地方出現很多古典專家，其中許多是著名的學者，如伊拉斯摩斯（Desiderius Erasmus Roterodamus, 1466-1536）與格羅休斯（Hugo Grotius, 1583-1645）等人物，學問與文采都是一流，但大部分都屬規規焉小儒，研究比較瑣碎、文采也不佳。不過，他們默默地做的瑣碎考證，意外地累積了很多珍貴、可靠的古史資料，為古代歷史的重建奠下實證基礎。

　　吉朋雖不是一個古典學者，卻比其他學者有慧眼，看到近代古典研究的史料價值。在近代歐洲史學上，他是第一個系統運用古典考證和古物研究成果，來協助重建古代羅馬歷史的歷史家，《衰亡史》的八千個註可作明證。作為一個歷史家，吉朋足夠的才華、識見與文筆，將三百年來古典學者考訂的資料，安置在一個具啟蒙精神的敘事架構中，留下一部偉大的史學經典[24]。

　　在近代歐洲史學上，吉朋以前的史家主張治當代史才是正途。他們認為古代發生的事無法重新見證，真相難以獲取，當代的史家不可能寫好古代的歷史。十八世紀前的歐洲史家，如較早的馬基維利（Niccolo Machiavelli, 1459-1527）和圭西亞迪尼（Francesca Guicciardini, 1483-1540）、與吉朋同代的休姆（David Hume, 1711-1776）和羅伯遜，莫不持這種看法。馬基維利和圭西亞迪尼撰寫佛羅倫斯史或義大利史時，在古代史部分

---

[24]參見：Arnaldo Momigliano, *Gibbon's Contribution to Historical Method*, in Momigliano, Studies in Historiography, pp.40-55.

基本上都是傳抄、至多是改寫古代權威作者既有的史著，只有近現代部分才是自己根據自身見證、檔案資料寫成。休姆撰寫《英格蘭史》（*A History of England*）時，是從近代開始寫起，寫都鐸王朝和斯圖亞特王朝歷史。這一種撰史觀念，在近代早期歐洲是一種慣例，但放到二十世紀，就與現代史學顯得格格不入。

現代史家總認為，歷史家與研究對象在時間上如果太接近，就無法進行客觀的研究與書寫。當代史家如何能書寫他自己時代呢？史家若寫當代史，由於與書寫對象還沒有產生心理的距離，容易造成偏見，寫的歷史不可靠。相反地，現代史家認為古代史才可能以科學方法來驗證、考究、探索，才能客觀的被書寫。這就是為什麼自十九世紀以來，隨著資料收集、考訂方法越趨嚴密，歷史家的研究、寫作對象越往古代史移動。在近代歐洲史學上，以一個近代人而投入完整、真實的古代史書寫的學者，吉朋乃是第一人。

從這個角度看，吉朋的歷史書寫方法深具現代性。《衰亡史》雖是一部十八世紀的史著，放在歐洲史學發展的脈絡，也可說是近代式歷史寫作的開始。如果不是吉朋這部書，十六到十八世紀古典學者花費精力獲得的無數實證研究成果，可能也就永遠被埋沒掉了！

陸

飲食歷史的書寫範例
從Armesto的《食物的歷史》談起

陳元朋

國立東華大學歷史系副教授

一、前言：跨學科的飲食歷史研究

「視野是取決於高度」，你能看到多少東西，在於你站的位子。

這句話十分適合描述菲立普・費南德茲─阿梅斯托（Felipe Fernán-dez-Armesto）的 *Food: a history*（2002），中文譯為《食物的歷史》的文本旨趣。[1]在飲食歷史的研究學統裡，阿梅斯托的這個看法，其實也是晚近以來一些資深研究者的共識。

例如，在臺灣，不論是在大學的飲食史課堂上，還是相關的著述中，甚至是我的已故飲食史啓蒙老師，國立臺灣大學的逯耀東（1933-2006）教授，都曾一再提及中國飲食文化的歷史探索，應該要擴張縱深。在《肚大能容》（2001）這本書裡，他說道：「自己過去兩三年在報紙副刊發表的讀書劄記，及探訪飲食的隨筆，和過去寫的飲食文化相較，已經向社會文化的領域邁步，但還不成體系，希望以後繼續在這個領域探索，將飲食與社會文化的變遷結合」。[2]逯先生的言論，是自謙，也是自省。他一

---

[1] Felipe Fernández-Armesto，*"Food : a history"*，London：Pan Books, 2002. 該書臺灣中譯本Felipe Fernández-Armesto著、韓良憶譯，《食物的歷史：透視人類的飲食與文明》（臺北：左岸文化出版，2005）。中國中譯本Felipe Fernández-Armesto著、何舒平譯，《食物的歷史》（北京：中信出版社，2005）。

[2] 關於本國史家對於傳統中國飲食歷史研究格套的省思，逯耀東先生可謂其中之先驅。不論是在大學的飲食史課堂上，還是相關的著述中，逯先生都曾一再提及中國飲食文化的歷史探索，應該要從掌故的

直想將中國飲食文化的討論，從掌故提升到文化的層次，但又擔心後繼無人，以故乃有如此期許。

比臺灣學者的呼籲稍前，在海峽對岸的中國，則有趙榮光的振臂疾呼。趙榮光是浙江工商大學中國飲食文化研究所所長，同時也是「亞洲食學論壇」的主席。他在二十世紀的90年代中期就指出，中國的飲食史研究，太過沉迷於已經失去的「歷史的輝煌」和所謂「烹飪王國」現實的困擾之中。他認為當時中國相關學者的研究方法過於簡單，領域又過於偏狹，站得既不夠高，看得也不夠遠。[3]

事實上，如果我們再將視點拉遠些，從全球或東亞的角度來檢視學界的動向，就會赫然發現，華人學界的反思，或許還是一種普世的反思現象。像是在千禧年出版的《劍橋世界食物史》（*The Cambridge World History of Food*）一書中，作為主題的「飲食之事」雖然一如該書題名那般被擺在歷史敘述的文脈裡進行討論，但各分章的執筆人，卻有一半以上是來自於古生物學、生態學、地理學、營養學、醫學、心理學、社會學、考古學、農藝學、食品科學等學門[4]，並非清一色的全都是受過學院訓練的專業歷史研究者。當然，在參與撰著者的學術背景趨向多元的前提下，這部以「世界」作為範疇邊際的歷史，自也展現出多元的旨趣。總體而言，該書猶如臚列了一份「菜單」，一份以「自然」與「人文」分作首尾的菜單，而彼輩認知裡的飲食歷史也從中得以提煉呈現。我們固然可以將這種內容上的紛呈，歸諸於多端的人為觀察角度，但不可否認的是，研究成果之所以會做如斯的展現，其實也可以從反向來作解釋——此即人類的「飲食」，原本就不是單純的咀嚼與吞嚥而已，這個行為所涉及的層面，

層次提升到文化的層次。請參見氏著《肚大能容》，（臺北：東大圖書公司，2001），頁2-3。

[3] 趙榮光的這段言論，見於他所翻譯石毛直道《飲食文明論》（哈爾濱：黑龍江科學技術出版社，1992），頁1-8。

[4] Kenneth F. Kiple, Kriemhild Conee Ornelas eds, The Cambridge world history of food, (Cambridge, UK ; New York : Cambridge University Press, 2000)。又，有關是書各篇執筆學者的簡介，請參見同書之 ppxxix-xxxv。

很可能遠超過我們在進食時的所思所想。

　　西方學界在千禧年所展現的飲食歷史研究特色，或許可以從二十世紀初期「新史學」與「年鑑學派」的學術傳統中來推考其產生的淵源；[5]然而，如果僅就成果的外觀來加以描述，則大概是可以用「跨學科」、「多面相」這兩句話來綜括的。值得注意的是，這個經由綜括而得出的結論，在二十世紀的八十年代，也在東瀛學者的筆下被揭櫫為研究的目標。石毛直道，這位曾經擔任「日本國立民族學博物館館長」的文化人類學家，便曾在其所撰寫的《人間・たべもの・文化—食の文化シンポジウム'80》、《食のことば》兩書中，[6]分別以下列兩幅圖影來表陳他個人對「飲食研究」未來發展方向的看法。很明顯的，不論是在闡述「總合的食之學問」的圖6-1場合裡，又或是在圖6-2那種對於所有「與食相涉」學術門類的標示分野中，石毛氏所拳摯抱持的核心認知，其實都不離「科際整合」的脈絡。[7]

　　我之所以提出阿梅斯托的《食物的歷史》，主要有以下幾點考量：首先，像是《劍橋世界食物史》這書，好則好矣，但它部頭太大，論題又太多，很容易讓讀者目不暇給。其次，飲食學界先進所提出的意見，有些是期許，有些又是方法論的揭櫫，它們雖然都能確中鵠的，但終究不是實證性的著作。相形之下，《食物的歷史》就無疑是個關乎飲食歷史的良好書

5　夏伯嘉，〈戰後歐美史學發展趨勢〉，《新史學》，3.2(1992)，頁87-102。賴建誠，〈論歷史〉，3.2(1992)，頁151-168。王汎森，〈法國的史學革命〉，《新史學》3.2(1992)，頁169-180。又，林富士在〈「歷史人類學」：舊傳統與新潮流〉一文中，亦對西方史學與社會科學互動關係之學術史有詳盡的介紹。該文收入《學術史與方法學的省思》，（臺北：中央研究院歷史語言研究所，2000），頁365-399。

6　石毛直道，《人間・たべもの・文化—食の文化シンポジウム'80》，（東京：平凡社，1980）。《食のことば》，（東京：ドメス，1983）。又，石毛直道是日本研究飲食課題的大家，他1963年獲得「京都大學文學部史學科考古學專業」的學位，隨後任教於「京都大學」、「甲南大學」，1986年擔任「國立民族學博物館館長」。石毛先生著作等身，對當代日本的飲食學術研究影響深遠，而其學術略歷，可以參考趙榮光在所譯石毛直道著《飲食文明論》，（哈爾濱：黑龍江科學技術出版社，1992），頁138-140裡所附錄的〈石毛直道博士簡歷〉與〈石毛直道博士著述要目〉兩文。

7　兩圖分別轉引自石毛直道《人間・たべもの・文化—食の文化シンポジウム'80》，頁25。《食のことば》，頁16。

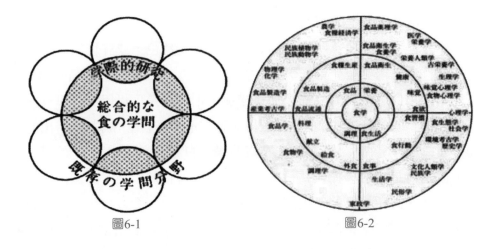

圖6-1　　　　　　　　　　　圖6-2

寫範例，它的議題是集中的，而問題意識也屬於上述潮流的一環。

　　阿梅斯托曾是倫敦大學瑪莉女皇學院的研究員，是牛津大學現代史系的教授和講座。他的著作很多，大部分都是廣泛的角度以研討歷史上的各色議題。除了《食物的歷史》外，還有《文明的力量：人與自然的創意關係》（*Civilizations*）、《我們人類：人類追尋自我價值及定位的歷史》（*So you think you're human? : a brief history of humankind*）、《大探險家：發現新世界的壯闊之旅》（*Pathfinders: A Global History of Exploration*）、《1492：那一年，我們的世界展開了！》（*1492 : the year the world began*）、《改變世界的觀念》（*Ideas : that changed the world*）、《真實、真相、真理：人類文化探索之旅》（*Truth : a history*）等數十種。這些著作看起來當然多少有點科普的意思，但阿梅斯托的論述不但基植於深刻的學術研究，而且他的廣域式視角還可以對後學有所啓發，所以是很值得關注的一本書和學者。《紐約時報》很有份量的每週書評，甚至認為他堪比布勞岱爾（Fernand Braudel, 1902-1985）與湯恩比（Arnold Joseph Toynbee, 1889-1975），頗有把他當成一代大師的意味在，而這樣的評論對一個研修歷史的人而言，也是十分榮耀的。

　　以下，我就來介紹《食物的歷史》這本書，何以能成為一種飲食歷史的書寫範例。

二、八大革命

不同於許多飲食史文本的組構，阿梅斯托筆下的食物歷史，並非平鋪直敘的按時間排序史料。他的《食物的歷史》分成八章，據他的說法，這八章代表人類飲食行為上的八個大革命。但要注意的是，此八個革命並不是編年式的，他不是在寫一個整體的編年史，而是一種以議題為主的貫時研討。這也就是說，每個革命都涉及變遷。阿梅斯托顯然主張歷史發展並非單一直線的，而是每一種發展都有其獨特的時間線。因此，《食物的歷史》的每一章都是貫時性的，而非同時性的論述。

《食物的歷史》的第一章，講述的是烹飪的發明。這章的精義在於，阿梅斯托細膩的思考了烹飪的發明及其影響。值得注意的是，在當代，不論是東方或西方的飲食論述，談烹飪多是從火的發明談起。但以這種思考脈絡而形成的文本，其實跟古史中的說法比起來也高明不了多少。例如，中國古史中說燧人氏發明用火，到了近代後，則改口說是少數秀異人士的創發。這其實是一種認知的弔詭：首先，每個文化、每個群落的愚夫愚婦還真不少。其次，先民社群的運氣都很好，都有天才的出現，而且天才的數量都不多，只有一兩個。第三，學者很少言及影響。這種程度的認識之所以能普及，顯然導因於濡化的機制。事實上，阿梅斯托並不否認火在烹調一事上所扮演的關鍵性角色——雖然他也認同廣義的烹調，應該包括諸如耕作、醃漬、調味在內的所有食物加工法在內，但他仍然強調「火／烹調」這個關聯組群的卓越性。阿梅斯托指出，「生火而食」在烹調一事上的重要性在於：這種技術改變了社會。從火之不易取得，到火能提供溫暖而使人們能團聚於其旁，阿梅斯托認為，一旦人使用火來對食材烤或煮，文化就從而開始，這種形式的烹調有助於共食的形成，並從而促進人際的交流，以及社會關係的建立。

本章的貫時性特徵，在「生火而食」的社會功能之後，則是續之以工具與技術的持續擴張，最後則是終之以近代以來的「反烹飪浪潮」。此中，最後一個發展是值得我們投注目光的。《食物的歷史》在這部分的

論述，始之於生食的復古，繼之以當代的進食習慣。特別是後者，阿梅斯托指出，烹調的社會功能，會因為許多當代的「壓力」，例如後工業化時期人們因應勞作方式而產生的速食對策，又或是像微波爐這種技術與工具的發明和使用，而出現驚人的變化。因為，這些影響徹底翻轉了「火／烹調」的社會功能。孤獨的吃，使我們重回烹調革命前的人際狀態。

　　第二章談的是食物的儀式和魔法。從歷史上的食人習俗談起，再續之以「神聖／不潔」、食療魔術、營養學魔法，以及富裕的營養學。阿梅斯托提醒讀者，這個序列串所涉及的「自我轉化」與「權力挪用」認知，其實正是其貫時性的重點所在。換言之，《食物的歷史》強調飲食是一種文化的轉化行為。在這個視野下，許多原出部落的食人行為是為了改善自我（被吃者具有某些特質）；大多數文化區分食物神聖性與飲食禁忌的目的在界定認同與強化社會運作；各文化中的食物療養認知通常架構在特定的物性主觀認知上；前近代以來立基於偽科學與科學片面的營養學具有重塑人之定位與屬性的特質。

　　本章旨趣在於，在人類的飲食文化裡，有關食物足以塑造性格與扭轉逆境的認知，是貫時性存在的。它是傳統，它同時也有其變遷不斷的歷史。

　　《食物的歷史》第三章談畜牧革命，第四章談可食用的大地，亦即農業革命。由於起源問題同樣在這兩章中佔了最大的比重，因之乃可以合說。總體而言，阿梅斯托最重要的論點在於：他對「採集→農業」、「漁獵→畜牧」的學界主流認知，提出了極大的質疑。他不同意以往那種演進式的、漸進式的，像是達爾文（Charles Robert Darwin, 1809-1882）進化論的歷史論述。相反的，他從許多考古與民族學個案中出發，指出農業與畜牧，很可能是人與其他動植物共同演化的一種過程，都是人類管理食物資源的方法，都是偶然發生的革命。換言之，就方法而論，「採集／漁獵」與「農業／畜牧」間，並不存在「演進」或「取捨」的絕對關係。

　　阿梅斯托仍然在這兩章中安置了貫時性的時間線。不過，那是在「自然而然」的「畜牧現象」與「農業現象」出現之後，而「選種」經營則是

其起始。

《食物的歷史》第五章研討的是食物和階級。這是我們當代史學界的文化史最常進行的一種研究內容。像是法國年鑑學派，也是把他們的焦點鎖定在食物所表現的社會位階之上。比較值得注意的是，阿梅斯托從貫時性的理路，將食物在階級區分上的功能，細分為以量為主，以質為主，以及跨越階級的反轉。此中，像是暴食的奢靡傳統，又或是食不厭精的品味傳統，都已是常見於當代史家筆端的歷史研究類型。比較新穎的論述，還是在關乎反轉的議題之上。關於此，阿梅斯托舉陳了一些饒富趣味的個案。例如二十世紀的雞隻養殖，使得雞肉的取得變得無比便利，因此這種食材所能反映的階級區分功能，乃不如那些始終產量有限，且取得不易的牡蠣與鱈魚。又如黑麵包與白麵包的價值互換也是一例。在工業化生產與普及之後，原本勞工階級日常為伍的黑麵包，被以「富含纖維」的認知而重新定義，粗礪現在反倒成了標舉階級的介質。

第六章談的是消失的飲食界限。這是一個具有全球史旨趣的議題。阿梅斯托首先揭櫫跨文化飲食障礙的過去與現在，指出障礙主要來自於食物形式所具有的區分功能，接下來又提醒當代飲食界限逐漸消弭的全球化趨勢，很可能並非單純的交流頻繁。總體而言，《食物的歷史》在後者的研討是多元的，他舉陳了包括帝國主義下的戰爭、模仿與人群移動，以及鹽、糖、香料等食材的貿易，都足以滲透文化障礙，促成食物的國際化。本章的貫時旨趣看似幽微，其實仍在。總的來說，十五世紀起的地理大發現，以及隨之而來的西歐勢力之擴張，是其主要的時間線。

阿梅斯托在《食物的歷史》的第七章，討論的是與食物相關的生態交流，這仍是一個饒富全球史旨趣的議題，而十五世紀以後的「哥倫布交換」（Columbian Exchange；Grand Exchange）則是其主要時間線。本章中，阿梅斯托透過許多物種個案來說明此一生態交流的實際，包括從歐亞大陸移往西半球與南半球的小麥、稻米、香蕉和提供肉與乳品的牲畜；以及從新世界移轉而來的玉米、馬鈴薯、番薯和巧克力。值得注意的是，《食物的歷史》在本章中的論述，並不限於生態交流的本身，「影響」才

是重點所在。關於此，阿梅斯托有其卓識。他一方面條陳學界共識，指出生態交流所形成的食物倍增狀況促成了歷史上的人口大成長，二方面又提醒讀者留心這種世界性生態交流所造成的世界知識與權力的長期轉變—此即，逐漸向西方傾斜。後者顯然更值得我們投注目光，因為這是一種得之於俯瞰的覺察，在這樣的脈絡中，物種交流下的文化變遷是可以被有效呈現的。

《食物的歷史》第八章，談的是十九世紀以迄於今日，食物在生產、加工，乃至於運銷上的工業化發展趨勢。本章的重點仍在影響，而阿梅斯托的論述主軸則傾向批判。他提醒讀者，儘管飲食的工業化，帶來了更為豐足的食物供應量，在一定程度上還消弭了城鄉與階級間的飲食差距，但在工業化同時也帶來了許多負面，甚至是不道德的影響。總的來說，由於時間涉及現代，阿梅斯托列舉了許多我們依然熟知的品牌故事以言說其主張，並從而使讀者大增親切之感。但本章最值得注意的個案，其實還在作者對於「綠色革命」（Green Revolution）的評價。事實上，阿梅斯托並不否認這個革命在食物生產量上的顯著成果，但他同時提醒讀者，這個聽起來看似環保的名稱，其實還是一種仰賴大量肥料與殺蟲劑的化學農業革命。他指出，除了農業化學對環境所造成的顯著傷害外，「綠色革命」排除傳統品種、危及生物多樣性的缺點，還將弱化未來人類在多變自然環境下的食物生產能力。阿梅斯托認為，不論在理性或本能的哪一個層面，人們都應該扭轉這個離我們最近的飲食工業化革命，他甚且還預示當代人類的相關作為，將是下一次飲食革命的主要內涵。

三、範例：《食物的歷史》一書中的跨學科

阿梅斯托曾經自承，他的《食物的歷史》，主要是在全球性的視野下，把食物史納入世界史的範疇，探討食物、人類、自然三者的互動，平等處理有關食物的生態、文化和烹飪各方面的概念。儘管於今看來，阿梅斯托在二十一世紀頭上所做的自述，已經是當下我們認知為合宜的食物歷史研究取徑。但這些研究旨趣的路途走來也非一帆風順。事實上，在西

方，食物成爲學院內歷史學家研究對象的時間，也就是最近這六十年的事（這是從年鑑學派在二戰前的提倡起算）。這當中披荊斬棘，摸索反思，有見地的學者當然不少，但人數和史學界的總人數相對就顯得非常渺小。嚴格來說，蔚爲潮流，形成風尙，大概還在上個世紀的80年代以後。

華人史學界的狀況大抵略同。從二十世紀起算，食物的歷史在華人史學界長期受到冷落，早期全漢昇在《食貨半月刊》中的那篇〈宋代都市的夜生活〉算是比較有問題意識的論文，但1949年以後，隨著兩岸政治大動盪期的開展，飲食研究就很少成爲學界熱衷的主題。90年代，莊申的〈從「八珍」的演變看中國飲食文化的演變〉與蕭璠的〈中國古代的生食肉類餚饌—膾生〉刊登在《中央研究院歷史語言研究所集刊》上，當然是經歷最嚴格史學檢驗的飲食歷史研究著作。不過，莊、蕭二氏也沒有引領風潮。在千禧年之後，華人史學界對飲食歷史的熱衷，其實追隨的是歐美的研究成果。

阿梅斯托在《食物的歷史》中指出，二十世紀80年代以前，西方少數研究飲食歷史的歷史學家，都各自有其經濟、政治、社會、文化乃至於環境方面的興趣。例如，研究經濟的學者，關心的是研究生產和總人口數，或糧食生產所造成的人口的舒緩或壓力，或說是糧價；研究政治史的學者，則注意糧食所帶來的經濟效益和國家政策制定；研究社會史的學者比較關心飲食所反應的階級差距；研究社會史、研究文化史的學者也都各自有他的關心。但是很少有歷史學者關心整體歷史下的食物史的位置。我認爲，針對西方歷史學界在上個世紀80年代以前的飲食歷史處理態度，阿梅斯托的《食物的歷史》無疑是饒富探討價值的。特別是他的問題意識，以及所採行的研究方法。

如果以傳統中國史學的體例來爲之衡準，我認爲《食物的歷史》是一部具有「綱目」意味的飲食議題「編年史」。這是我的感受。但我同時要強調的是，他的方法論是跨學科的。他是要貫通一個人類飲食行爲的歷史，他想把人類飲食行爲的各種面相在歷史的脈絡內呈現給我們看。就這一點而言，我覺得他是成功的。他在研究方法上，最值得我們學習的—

其實也是我今天要講的──「跨學科」。這是一種策略和態度。怎說呢？態度比較好理解，那是問題意識，但這態度還是來自於研究者對於史料的駕馭。說到駕馭，問題就浮現了，因為中外飲食史料很少是刻意留下的，面對內容拉雜的資料，如何適切擺放在詮解理路中，並使其發揮應有的意涵，則非策略莫屬。以阿梅斯托來說，我覺得「跨學科」是他的策略。藉由這個策略，他得以攀登到一個更高的高度，這個高度是他看史料並形成問題意識的高度。那麼，實質上又要怎麼執行呢？又到底有哪些學科要跨呢？我覺得這是我們要留意的。

　　從《食物的歷史》的內容看來，阿梅斯托當然深受西方文化人類學、民族學，以及社會學的影響。內容不必贅論，光看該書中頻繁出現的一些詞彙，諸如儀式、魔法、象徵、神聖、潔淨、階級等，也能檢證我的說法。然而，此處舉陳的這三個學門，仍然不能說是阿梅斯托攀爬制高點的全部攻頂技巧。怎麼說呢？舉例來看，他談烹調，對於火在烹煮燒烤上所能引發的化學反應多所描述，這知識是化學的層次。他談畜牧的起源，在蝸牛之外，還列舉了一堆石器時期的古脊椎動物的生物性狀和生態特徵，這是古生物學。他談農業起源、物種交換，列舉小麥、稻米、番茄、香蕉、玉米、馬鈴薯、番薯，研討它們傳播並適應新環境的能力，這是植物學。還有他談近代以來的食品工業，對於成本效益、加工的製程、防腐的技術，以及其所可能招致的健康風險，如數家珍，這些又都是現代食品加工學的範疇。事實上，我認為，一旦阿梅斯托將「食物的歷史放在世界史的脈絡裡加以觀看」這個研究構想，設定為《食物的歷史》的目標旨趣後，廣域性的知識涉獵就勢在必行。因為，食物本身是不會有歷史的。食物的歷史是人吃食物的歷史，是因為它跟人有了互動的關係。這關係其實牽扯極廣，從生態到心態，從區域到全域，從個人到國族，不跨學科，難以入其脈絡。

　　關於跨學科，還有一點也是要注意的。史學之外的其他學門，對於飲食歷史的研究而言，也不就是全能的指導者。每個學門當然都有它的專精，也當然有它看問題的角度、極限與盲點。史家跨學科研究的合理性與

正當性，其實並不是因為史學體質的天生鄙陋，而是在於議題本身的複雜性。換言之，是因為問題複雜，所涉多端，史家才要去跨學科，才要去切換視角來觀看事物的方方面面。事實上，跨學科有時要看的還是其他知識方域的盲點，那也有助於完善史家的論述。關於此，阿梅斯托也展示給我們看，在探討「綠色革命」這個議題時，他就指出這個當代源發自分子生物學、農業化學、農業經濟學的詞彙，其實有著過度美化其學科成果的主觀問題。這些學門所看到的「綠色革命」，和環境生態學家所看到的，其實不全然相同，阿梅斯托於是兼顧雙方，以研討這場革命的正負面影響。

如果從實際操作的層面來談飲食歷史的跨學門研究，我有一些經驗是想與各位同學分享的。同學們不妨回想一下，你們從入學以來，就一直被提醒著要拓展你們的視野，以及史料運用範疇。這其實也是我學生時代常聽見的囑咐。但我想同學應該也會與我一樣，有著實行上的焦慮。那就是我們歷史系的訓練，常常會讓我們對於一些具有解釋力但不傳統的佐證工具卻步。關於這個問題，我曾經就教於時任「中央研究院歷史語言研究所歷史人類學組」組主任的林富士老師。當時，我在寫〈荔枝的歷史〉，有些史料除非運用當代農業經濟學、植物學的學術研究成果，否則就根本無法通釋；但我又有些這樣做是不是有點「以今度古」的疑惑？林老師那時跟我說：「只要具有解釋力，只要能夠合宜解釋我所要解釋的問題，而又不違歷史常規，就都可以是歷史研究的方法與素材。」我一直記得這句話。當然，各位可以有不同的看法。我認為我們其實是不必要畫地自限的。阿梅斯托不就特別展示給我們看了嗎？廣泛的出入於知識的科際間，對於一個歷史研究者還是有益處的。

四、一些題外的提醒

在本文的最後，順帶提一些涉及飲食歷史的研究。

首先，是技術層面的。我好多年以前寫過一篇文章〈作為社會史研究的中國飲食史〉（2005年發表於日本東京都立大學《中國社會》），我覺得現在提供的，應該也還是有些建設性。那是關於我們研討飲食史的

技術面建議。我覺得問題意識的定調，最好還是在我們以廣泛檢視史料之後，再來一步步微調你原初的構想。這也就是說，比方我們要研討華人歷史上的番薯，那麼我們看番薯的史料，不要只看史學文本裡的番薯，還要看農學裡的番薯，看文學裡的番薯，看西洋人紀錄的番薯，和番薯原產地和番薯傳播路線上人們的記憶，這些都是我們的史料，史料不是只存在文本之上，大部分史料都不在文本裡頭。接下來，當我們要開始解析史料時，阿梅斯托的研究理路就可以介入。在這個階段裡，我們應該嘗試利用其他學門的相關研究成果來擴張史料解析的縱深。以我個人的經驗為例，我習慣先去看其他學門的東西。即使它跟我的研究可能表面上看貌似有時差，也儘管翻開來常常都是化學式或經濟學算式，但我們仍要盡最大的努力去看懂它。要知道跨學科最要注意的是深度，即使是圈外人，也要防止皮毛程度的涉獵。這一點，當代史學界應當並不陌生。我們長期被社會科學家批評，也是因為這個緣故。

其次，我們要留心古典烹飪文本的陷阱。我們華人傳統飲食文化中的食譜，其實存在著非常大的問題，因為它們大多是文人著述，不是專業的廚師，而文人的這類著述，又常存在著社會情境與歷史心性的問題在。[8]關於此，袁枚在他的《隨園食單》中，告訴我們一件非常殘酷的事情：有錢有閒的他，曾經根據歷代傳下來的食譜，每個都照著文本上做，但結果是沒哪道菜是可以下嚥的。這就告訴我們，透過古代食譜去做飲食研究，是沒辦法成文的，因為文人的載記鮮少涉及技術的內在，他們或許連烹飪的基本原理都全然無識。所以我們做飲食歷史的研究，不要把食譜當作第一線的史料，要廣泛的搜尋，才會得到普遍性的研究成果。

第三，要提醒的是，多留心日本學者的飲食史研究成果。今天我們談阿梅斯托的著作，《食物的歷史》確然能給我們非常大的啟發，但也要請同學注意日本這塊。日本在飲食研究上的成績是很傲人的，除了大量、迅速、有計畫地翻譯全球的各種傑出飲食歷史研究論著外，他們在方法論上

---

[8] 王明珂，〈歷史事實、歷史記憶與歷史心性〉，《歷史研究》5 (2001): 136-147。

的省思也很引人注目。比方說我在演講一開始所提到的，由石毛直道所提出的兩個方法論圖示，這樣的想法當然未必是石毛先生所創發的，但他顯然比阿梅斯托的意見更早出現在國際性的學術社群內。我們看圖就知道，很多阿梅斯托說過的東西，其實石毛先生很早就說過了，只是石毛先生是提綱挈領的說，阿梅斯托則是做了一個最好的示範。此外，在日本的飲食研究內，和仁皓明也是另一個值得注意的學者。在〈食物文化の形成要因について〉這篇文章裡，他也提到類似的東西，我們怎麼做一個飲食史或食物史，得注意到自然條件、人類技術、社會規約，這些東西必須要能夠囊括，方能成就完善的學術研究。[9]我們臺灣做飲食研究，常常只是向美國看齊，殊不知日本其實也是很先進的。

最後介紹兩個單位的研究資源。其一是日本的「味の素食の文化センター」。這是由日本「味の素株式会社」所創設的飲食文化研究所，它有一個規模宏大的圖書館，世界各地的相關飲食史料、研究論著與期刊，以及日本、中國、韓國、越南等東亞文化圈裡與飲食相關的稀見善本，大概也都有完整的蒐羅。[10]這是一個資源很全面的研究單位，而且也對外開放。此外，它每個月還都有安排專題講座，已經許多年了，建議不妨先去這個研究中心的網站上看看，相信會有所收穫。其次是臺灣本土企業「三商行」所設立的「中華飲食文化圖書館」。[11]它的規模當然還無法與日本的「味の素食の文化センター」相比，但是它的飲食文本藏書量，還是超過國內所有學術研究機構相關藏書量的總和。這個圖書館也設有網站，提供線上查詢與借閱的服務，可說是近在咫尺的研究資源。

9　和仁皓明，〈食物文化の形成要因について〉，收入芳賀登、石川寬子編《日本の食文化》第一卷《食文化の領域と開展》，（東京：雄山閣出版株式會社，1998），頁99-111。

10　「味の素食の文化センター」之網址如下：https://www.syokubunka.or.jp/

11　「中華飲食文化圖書館」之網址如下：https://www.fcdc.org.tw:8999/library/default.aspx

路易十四的「製作」
再論法國王權的再現力量

邱德亮

交通大學社會與文化研究所副教授

一、前言

　　在路易十四的「製作」這樣的標題下，「製作」是什麼意思？副標題：「再論法國國王的再現力量」中，再現的力量又是什麼？我希望從另外一個角度來導讀與分享一個不同的閱讀經驗，這甚至可能跟彼得・柏克（Peter Burke）本人對於路易十四形象塑造的解釋都有所不同。

　　首先，S. M. Islam的*The Ethics of Travel*提到：「在前現代國家的形成中，……主權的原則在於國王的身體本身，而不是現代民族國家特色的地理領土。結果，領土認同，只不過是次要的，最首要的是國王的身體，這才是權力真正奏鳴之處。」[1]這段文字我覺得很具代表性意義，接下來內容就從這句話開始。顯然的，這句話帶領我們進入一個很基本的認識，亦即在法國的舊政權時期，法國大革命之前的十七和十八世紀舊政權時期的社會，存在著另外一種國家權力的形式，它並不是現在民族國家（nation state）的形式。其間的差異相當多，在此僅討論一個最基本的差別：我們現在的民族國家對於很多領土，例如日本的尖閣島，我們稱之為釣魚臺，那個荒無人煙的地方，我們卻爭得頭破血流，最近南海同樣為了一些礁島引發相同的爭議。在過去政權不可能為這樣的事情爭執，因為領土不

---

[1] Islam, Syed Manzurul, 1996, *The ethics of travel: from Marco Polo to Kafka*. Manchester: Manchester University Press, p.130.

是重要的事情，重要的是國家主權的展現在國王的身體，這才是重點。所以今天我們要談論的就是國王身體做為國家主權的再現問題。大致上的內容會集中在幾個重點：第一個是柏克的研究取徑以及這本書的特色；第二點是經典閱讀的另一種可能；第三個還要稍微延申討論一下舊政權時期國王兩個身體（two bodies of King）的政治神學理論，再看一下絕對王權對於身體的展示，或是國王絕對王權除了身體以外其他方面上的展現，譬如舞臺表演；最後談論我們現在所面臨的危機。因此，我大致上沿著《製作路易十四》的章節順序，但以另外一種方式再解讀一次這本書。

二、波得‧柏克的研究取徑與本書特色

本書最有趣的特色是它以傳播史的研究取徑，重視象徵形式的製造，與傳播、接收過程的歷史。所以基本上可以看到他是用傳播史（history of media）的角度把路易十四的形象製造當作是一個媒體製造的工程，因此他牽涉的是藝術跟權力個案的研究，尤其是如何為當時歐洲最有權勢的人──國王，塑造形象。作者把文化事件的編年史，即所有路易十四執政時期包括文化政策都以國家權力傳播其統治的合法性，以編年史的方式扣緊路易十四的生命史，以及他在位時期的法國與法國史進行歷史敘述。

所以，如果熟悉政治史的話，會發覺焦點是倒過來的，文化史是重心，而路易十四的個人生命史是則是次要；最後一層才是隱藏在背後的法國政治史，這就是柏克歷史敘述的特色。有點類似於電影拍攝或舞臺劇，不同層次的敘事方式，著重在某個主角或人物為主線時，其他因素就只會成為背景。因此這本書我們可以當作是一本政治的文化史研究。作者將絕對王權時期的宮廷文化視之為一種文化機構的建制，如何把文化當作是一種政治動員的對象。於是不論藝術或文學，如何透過文化，轉化成為政治所使用。基本上我們可以看出路易十四執政時期政治的文化史，我們知道政治史在法國的歷史研究曾經沒落過，當時政治史不再是一個研究的熱潮，尤其這本書出版後的九〇年代文化史才是主流。同時我們也發現政治史開始從文化史的角度去研究，這就是柏克這本書成為典型的代表，並成

為了歷史系學生人人必讀的經典，書的另一個特色是：作者使用了幾種重要的概念工具，不一定是理論概念，但可以帶給我們新的思維方式，譬如本書引入克利福德·格爾茨（Clifford James Geertz, 1926-2006）劇場國家概念，意味著把整個國家當作劇場來研究，雖然格爾茨所談論的並非法國，而是一個部落社會國家的表演，但我們仍可藉此了解，劇場國家這樣的概念工具是能夠貼切地闡述路易十四的絕對王權展演。

本書大致上的內容結構為：

一到三章介紹路易十四，從路易十四幼年到登基後的整個公共形象的製作，在他登基之前，或是剛登基不久，他的形象比較是偉人英雄，也就是戰士或是征服者這類戰爭英雄形象。路易十四其實很早就被選為國王，可是在登基之前經歷了兩任攝政王，國家統治的主權並不在他手上，因此年輕時候王權長期被代理，他要不斷強調自己的形象，就像迫切提醒世人他才是國王一樣。

在第四到第八章，介紹了他整個公共形象的製作系統，也就是說他擁有整個機構在製造他的形象，包括法蘭西學院、皇家科學院，繪畫學院及其他不同的文化機構。

最後的九到十章則是在介紹，路易十四衰老以後的形象如何受到挑戰，同時他的再現不斷受到質疑而產生危機。這三部分涵蓋了他的生命史，因為路易十四在位時間很長，每一個時期他所要強調的形象重點並不一樣。舉例來說，路易十四在晚年的時候已經不再那麼愛炫耀，而是走向宗教路線，特別是和曼特農夫人（Madame de Maintenon, 1635-1719）結婚以後，慢慢地強調他慈父那一面，一個保護者、一個宗教虔誠者；最後兩章有趣的地方在於當時代的人如何接收這種形象的塑造？這是在其他的歷史研究不會去注意的問題，接收史（history of reception），在研究上相當不容易，但卻是文化史研究的著重點之一。

從路易十四所處時代的人們到後代讀者，形象或文化傳播的另一端的讀者、觀眾、受眾以及後來的歷史學家如何理解路易十四這個形象，接受的人們怎麼看待這種形象的「製造」？這本書的特色就是在最後兩章探討

這整個歷史書寫如何「製造」路易十四的形象？因為某種程度來說，用一個比較流行但不受臺灣歷史界歡迎的術語，叫「後現代史學」，其實柏克花很多心力書寫後來的歷史又如何「重塑」路易十四的形象，因為關於他的歷史著作，從傳播史的角度就是在「製造」歷史上的路易十四。他透過不同的素材來研究，可是這些素材，基本是政治溝通的媒介，「媒介」（media）這個字很重要，事實上路易十四所要傳達的，是透過這些媒介傳達的政治訊息，也就是絕對王權的訊息，因此是從上而下的單向傳達。至於下端，即傳播的另一端到底接受了沒有？如何接收？後人接受的狀況又是什麼情形？從媒體史的角度出發，作者透過石雕、銅像、油畫、蠟像與文字經典，譬如詩、歌劇或戲劇，國家重要的娛樂形式，也是最好的政治傳播工具，包括芭蕾歌劇和宮廷的儀式等表演。由媒體史出發的優點還有可以看到改變之處，也就是路易十四在位的七十二年之間的變化，呈現形象改變的現象，也藉此說明國王的絕對王權展演的差異。當然媒體史的研究並非毫無爭議，其本身的限制就是：媒體史所研究的東西是「我們這個時代的產物」，也就是說，當時的人不會這樣看待，以前的人不會覺得那是一個「媒體」，尤其是作為政治溝通的媒體，因為那個時代沒有媒介的概念，也沒有溝通的概念，更沒有媒體傳達這種傳播的概念。因此，書中提到的論述會產生一些時代誤置的問題，像是推銷、宣傳、民意、意識形態等，這些媒體史的概念運動到路易十四王權的展演時可能就會出現一些狀況。除非我們以另一種方式來解讀，也就是將這種歷史誤置視為我們現代人的解讀或理解方式，以媒體史的方法來解讀就會出現一個歷史「誤解」的可能性，但歷史誤解的可能性並不意味一定是錯誤，請記住這一點。誤解是對歷史學家來說，可是只要出了歷史學的這個範疇之外，可能就不見得如此。

三、另一種閱讀可能

　　蕭新煌老師在書中的序中提到，「一本剖析路易十四在世時，其公眾形象如何被塑造的歷史社會學的傳播史著作，簡單來講，就是一種分析

十七世紀路易十四時代造神運動。」用現代傳播語言來說，即是推銷和包裝路易十四，這就是我要提醒各位的地方，這篇序的寫作時間是在1980-90年代，我們試著理解那個脈絡，那是發生在解嚴之初與之後，這種閱讀的方式很適合我們的社會，因為我們正在蔣公銅像還是到處都是的年代，對於蕭老師解讀的方式，我完全可以理解，也覺得很有道理，可是過了那麼多年，我們再閱讀的時候，當初覺得很有道理的東西，慢慢沉澱下來，我覺得有點不太對勁了，為什麼？因為如果用媒體史的角度來看的話，可能就忽略了王權再現本身的力量，representaion再現本身的力量，國王的肖像，它本身在那個時代，不只是造神而已；又或是銅像，它同樣不只是現在民族角度中所看到的意涵，即便從現代的角度是如此。巴黎勝利廣場、或是某一個廣場裡面的路易十四像，從現代的角度我認為它是一種造神，但那個時代的人不見得這樣看待，他們並不一定把銅像當作神，不可否認的是基本上它有某種程度的power，與我們當代所理解的不同，因此若是單純以媒體史來看待，我們看不到這種再現的力量（the power of representation）。換一個角度來看，如果將這些形像塑造的素材，重新視之為是一種再現（representation）的時候，它就變成是另外一個向度，可能不見得像書中的序所言，甚至不同於柏克自己的觀點，但我將藉由探討法國絕對王權形象的再現，去說明他如何展現跟代表自身的權力，而這是我的副標題的命名理由。再進一步討論之前，我必須先進一步討論一下這個字，「再現」（representation），我並非要說這個字大有學問，但從另外一個觀點來看，它能夠幫助我們理解那個時候繁複的形象塑造，包括從肖像、銅像、徽章、畫諸如此類，基本上這個是在民主社會不會出現的東西。

四、再現（representation）

Representation、representative這個字的意思是「代表」，代表在時間上已經不存在，或是空間中的缺席，所以represent就是利用重新出現的方式，再一次的填補空缺，因而產生本人或物出現的效應。舉個來說，古

代大臣們聽到「聖旨到」，他們會全部跪下來，即使皇帝本身並沒有在現場，也並未出現，為什麼？因為聖旨是代表皇帝的旨意，進而代表皇帝；宗教畫也同樣使用這樣的方式，透過畫可以代表神，即便神並未真實出現於眼前；當故事講得精采，也會像在我們面前發生一樣，但事實上它已經發生過了，所以它此時此刻的缺席，我就可以透說故事、轉述的方式代表。所以再現的「再」，強調的是取代價值，取代那個曾經發生過，卻又在空間、時間上不存在的事物。

第一個再現機制的權力，就是呈現活生生的權力與效應，而不是缺席跟死亡，譬如，在基督教傳統裡面，耶穌死了以後又復活，這個時候它復活的東西，就是產生某種程度的那種再現；或是在所謂神權國家、神權制度裡，肖像本身就是一種代表。接著，再現的雙重意義中第二個是「展演」，在法國如果一齣戲要排演或表演的時候，會使用representation，就是指這齣戲準備要表演，對需要的人暴露它的存在，透過這種不斷地展演，試圖表達說話者的意思，或作者的意願。展示身分證或護照同樣也是一種展演，即使我們已經站在警察或是海關面前，仍要被要求拿出身分證或是護照來證明自己，在此身分證或是護照等文件就是再現所強調，不斷加強「我」，證明「我」是一個活生生的存在。在這個過程裡面，存在的事實也必須透過不斷地強化、不斷地出現，或是透過再現的機制反射，讓本身構成一個反射，直到可以不用我親自出現，就可以知道我這個人存在，就像去郵局提款時，只需要身分證與印章，本人是否親自前往並不重要，這個時候，身分證本身它自己有它的主體，它是一個再現的主體。許多藝術形式也可以達到這樣的效果，透過不斷的強調繪畫或是戲劇表演的時候，可以發現到它自己可以成為獨立，它並不需要作者的出現，或是作者在明確的意識。也就是說，再現的「再」強調的是密度跟頻繁，這樣的價值與第一種提到的取代的效果，並不太一樣，所以產生再現的第二效應和第二種權力，制度權威的合法性，就是來自這種機制反射在本身運作的結果，藉著重複這種再現機制的不斷的運作，繪畫不斷的畫，畫了很多之後，它自己會自身成為一個主體，也就是所謂一個再現主體，這個時候畫

中的國王或神本身不在，卻仍可以達到相同效應。因此我們可以了解到，再現事實上是一種雙重的權力運作，讓缺席或死亡的部分再重新藉由想像地出現，甚至活生生地出現。第二種權力則是展示出現的資格、證明、頭銜，這些東西，將其自身建構成一個合法跟權威的主體，尤其在路易十四那個時候的舊政權特別重要。

然而，再現與權力之間有什麼樣的關係？路易・馬林（Louis Marin, 1931-1992）在《國王的肖像》一書中就曾提及過，解釋再現與權力兩者關係之前，必須先了解到什麼是權力？他認為是權力主體對其他人事物施展行動的狀態[2]，但所謂的權力可以行使，也可以不行使，有的人有權力、有強制力量（Force）卻並不一定是有權勢（Power），因為有行使或施展的人，才叫做有權勢的人，所以權力是某種實力，實力的積蓄，重點在於他不一定要施展，卻永遠可能施展。如果權力不斷在行使的時候，就成為了暴君，因為他必須透過暴力、戰爭，或是懲罰來證明他的權力，可是一個有權勢的人，他基本上是不用做任何事情，都會讓人感到害怕或是感覺到他的權力的存在。那要透過什麼樣的效果、方式可以做到？絕對王權的關鍵就在這裡，路易十四當年當然也花不少時間打仗，但光是透過戰爭、雕像、華麗的裝飾是不夠的，他不時還是必須施展權力讓人知道，這就是權力跟再現之間的關係。在權力不施展的情況下，我們怎麼知道他有權力？這個時候，權力無非是靠外在行為的掌控，就如同法律一般，法律不一定要執行才會有強制（Force），法律的強制是在他還沒執行之前，我們就必須要遵守。因此除了靠戰鬥、施行暴力之外，權力還有更巧妙的運用方式，將實力塑造成權力，或藉著權勢提高身價成為正當必要合法合理的東西，這就是再現機制相對於權力之間的關係。這樣的權力轉化是如何做到，第一，他必須把力量轉化成一種符號（sign），當人們看見符號，就感覺到看到力量一般，就像路易十四的符號是太陽一樣，另外一方面還有在法律論述上出現這樣的力量，但本文比較不談這個部分，因為事

---

2 Marin, Louis. 1981. *Le portrait du roi*. Paris: Editions de minuit.

實上有很多文學作品或法學論述在討論這樣的一個效應。透過符號，符號再現、代理了實力，上述提到再現的兩個意義，就是不斷的展演這樣的實力。而柏克所描述的這些媒體，同樣是不斷地再現，所以進而將符號轉變成權勢，一種再現的權力的效應，也就是再現本身。接下來，我們要談論到另外一個部分，在進一步的講說路易十四在位時期，法國王權如何再現他權力之前，我們先講一下這個國王身體兩個，再現的兩個這樣的一個政治的神學。

五、國王的兩個身體（two bodies of King）

國王的兩個身體是由劍橋的史學家Ernst Kantorowicz（1895-1963）提出，一個關於兩個身體的理論，來自於君王專政的權力是展現在身體上，而不只是家族血源的問題，「君權神授」的概念就說明了，藉著神祕力量可以使國王在國家之中代表基督，君權與國王的變體是來自於耶穌基督與三位一體的理念。因此，耶穌是天父在地面上的代表，此時國王身體，也就成為國家權力再現之處，如同過去常常會以國王的四肢比喻為子民，而頭象徵國王，在國王的帶領之下生活[3]。同樣地，路易十四常會講這句話說：「朕即國家」，但他講這句話的時候，一點也不是在隱喻，他是真的這麼說，意思就是說，我的身體就是國家，現代國家的觀點來說，這是無法理解的事情，但對路易十四來說，那個時空脈絡下，他整個身體就是國家，換句話說，路易十四的一舉一動，就是國家在運作，這和跟現代國家是完全不一樣的概念。現在總統做什麼，可能跟我沒有關係，國家有國家的運作，可是那個時候並不一樣，整個身體就是國家，所以這個時候可以看到，這與先前的神醫國王傳統有密切關係，「上帝治癒你，國王觸摸你」，國王觸摸你的時候，上帝就治癒你。國王身體的具體化，再現的王權幾乎像神一般的力量，透過身體的接觸可以改變事物的狀態，路易

---

[3] Kantorowicz, Ernst, Conrad Leyser, and William Chester Jordan. 2016. *The King's Two Bodies A Study in Medieval Political Theology*. Princeton: Princeton University Press.

十四登基以後，一天會有三、四千人來給他摸，即使不是每天，卻也是相當多的數量，從現代醫學的角度這樣的儀式是沒辦法解決任何疾病，但當時許多人民還是會相信，相信這個Power，相信了就有效。而國王兩個身體，一個是自然的身體，另外一個就是政治的身體，自然身體和任何人一樣，需要呼吸、進食、休息，也同樣會經歷生老病死，還有痛苦；而第二個政治的身體，如同上述所言子民乃其四肢，其與子民共同結合體，這個政治的身體與他的子民之間，形成一個結合體，相對於四肢，作為頭的國王，唯有他具有統治的權力，這個身體必須相信。在中國或其他帝王都有類似的狀況，意即身體不為情緒所役，不為死亡所役，就此而言，國王是不朽的。

馬林再進一步提到，不只是這種有自然變化的身體，與政治法權的身體，還有一個神聖符號的身體，相對於之前的理論，他提出不太一樣的看法，重點在於神聖跟符號的身體，這在很多肖像或是造神運動裡面都出現過。那現在我們要問的是，到底國王的身體再現了什麼？「再現」的兩個意義，不只是代表，也同時也是展演，所以相對於基督神祕的身體對比就是國王神祕的身體，國王身體本身藉由血源或是神祕（mystery）的身體演變成國家安全的問題，那個時候的國家安全內部的問題，就是說國王的聲譽、皇權的延續、國王的健康等諸如此類的問題，因為國家就是國王的身體，所以國家安全也同樣是國王的身體。第二個，相對於信徒的精神的社群，對比的是子民的政治社群，故國王身體也代表是子民的政治社群，集體的精神社會匯聚在國王身體裡面，永恆而且持續存在的原則，超越了這個生死和國王的繼承，不朽的社群永存在一個會死的身體上，國王的身體及其繼承成為國家穩定的基石。最著名的例子，就是一個國王死的時候，他們儀式是，國王旁邊的服事大臣會在國王快死的時候，會有一個儀式，接著國王一斷氣，他會大喊：「國王已死」，然後下面的人，也會跟著喊：「國王已死」，然而下一句話，就是「國王萬歲」，為什麼？第一個國王已死是什麼？是身體，國王的自然身體已死，可是正是因為國王的身體已死，所以國王才萬歲，因為他的政治身體，反而透過他死亡更突

顯出他的永垂不朽，這個國王他是這個政治的身體，也意味著這個國家會永垂不朽。所以這個時候會有類似的現象，同時可以看到，很多儀式都表現在這種兩種的儀式裡面，譬如說加冕，一個法國國王成年之後，你要把他加冠加冕，成為真正的國王即位以後，他的合法性通常來自漢斯（Reims）大教堂，由這些大主教與神聖羅馬的主教來完成儀式，他們理論依據是國王的身體與政治的身體，國家的政治身體，重新再結合、融合在一起，相對於類似在基督教裡，人們之間的結婚儀式。其他的國家儀式，包括入城或是到外省散步的時候，國王的出現會激起人們無限的景仰，他們相信這個時候，已經產生某種奇蹟般的重建秩序跟服從，因此國王通常是不打戰的，但當國王親臨戰場的時候，重點並不在於說，他們有多麼神勇、技巧多好，那是中世紀的國王，現代的國王就只是到戰場而已，遠遠的看，尤其要讓戰士們看到，透過國王親臨戰場，而改變這個事物的狀況，因為國王是國家本身，這就是再現的力量。另外一個例子，圖7-1你可以看到是歷代國王的王寢，下層是國王的屍體，象徵著會腐敗的肉體，上層則是帝王的身體，象徵著莊嚴而不朽，大理石的使用就代表著永垂

圖7-1　Basilique de Saint-Denis大教堂「歷代國王陵墓」照片

不朽，即使下面屍體早就已經爛了。歐文・潘諾夫斯基（Erwin Panofsky, 1892-1968）的研究就認為，這種陵寢本身就是國王兩個身體的再現[4]。

六、絕對王權與身體

絕對王權在身體，國家就是身體，那怎麼樣展示展現、再現，首先是身體儀禮跟宮廷，隨著君主專政的勝利，使得君權的統治越來越人格化，當他越來越確立他的絕對王權統治的時候，君權也開始變得越人格化，也就沒有那麼暴力。此時，絕對王權更能透過身體展現出：國王身體本身就是國家權力的公共再現，所以其身體永遠不是他自己的，而是國家本身，所以幾乎不再有任何時候是私生活，日常生活的一舉一動都在眾目睽睽之下，如何讓子民看到國王存在，要得以行使他權力，就必須不斷的極度的暴露國王的身體，才能展現他力量。舉例來說，一個國王單獨進食，或是服侍國王的片段，取自於電影《熱愛灼身》（Vatel, by Roland Joffé, 2000）有一個片斷：國王正在上廁所，而且是在內閣會議裡面，正在討論，他和他的大臣正在討論如何征討荷蘭，跟他打戰的時候，他不斷地在討論，國王坐在馬桶上等待，起來後有一個人幫他擦屁股，可能就是年輕的貴族搶著做的工作，因為一個貴族的職責就是為國家服務，幫助國王清理身體就等於為國家服務，而且是最貼近國家核心中心的地方，所有年輕有企圖的貴族都想要去爭取這個職位。

另外，路易十四把所有曾經叛變過的貴族，集中在凡爾賽宮住，用這樣的方式削弱這些貴族，褫奪軍權，可是讓他們住在宮殿裡面享受。此時，貴族家僕化，成為皇家的家僕，他們平常要做的事就是服侍國王而已，他不只是服侍國王，也服侍皇家。另一個也是電影《凡爾賽拜金女》（Marie Antoinett, by Sofia Coppola, 2006）的片斷，她就是路易十六被送上斷頭臺的皇后。片中有一個起床後換衣服的儀式，脫衣服的是皇后，然後由她最親近且地位最高貴族婦女的幫她穿衣服。可是正在穿的時候，她

[4] Panofsky, Erwin, and H. W. Janson. 1992. *Tomb sculpture: four lectures on its changing aspects from Ancient Egypt to Bernini.* London: Phaidon, pp.78-81.

說還有一個位階更高的女士來了，所以她就換另外一個人來服侍。之後又還有一個另外一個位階更高的，好像是路易十六的弟媳或嫂嫂之類的來服務皇后。你可以看到片中皇后就脫光衣服在那邊等著她的衣服一手又換到一手。這個電影的片段當然很誇張，因為這個片子拍來吸引觀眾的，就像中文翻成《凡爾賽拜金女》一樣確實有點誇張。可是基本上邏輯原則是一樣的，國王、皇后起床的時候，所有的細節都是由最親近的貴族來服侍，服侍國王，或是服侍皇后，就是服侍國家。這同時意味了，他們以爭取能夠服侍國王爲榮耀，因爲那只有最親近的皇室才有的權力，爲了競逐這個恩寵，會有很多內鬥或是嫉妒競賽，而服侍國王就說明了貴族的家僕化。

　　透過日常生活的展演，國王並沒有屬於自己的私生活，他一舉一動，連上廁所都是國家的事，甚至國王每次如廁後，醫生馬上就過來看，看國王排泄物顏色，並透過味道來評斷，爲了國王的健康，這種國王不斷的高度的暴露他的身體，表明了他的身體就是國家。國王單獨進食的電影片段（*The Taking of Power by Louis XIV, by Roberto Rossellini, 1966*），同樣也是絕對王權的展演，所謂的飲食的展演，也就是說，路易十四一定要不斷的透過他身體、高度的暴露他是多麼厲害，即使是吃飯用餐也必須在大庭廣眾之下，所有的宮廷的人都得圍繞著他，看著他吃飯，看著他多麼有胃口，此時路易十四可以只吃了兩口就沒胃口了嗎？不行，那就是失職，他一定要吃完，一定要展現那種高度的權力，他沒有小胃口的權力，他只能有大胃口的權力。在這提到關於排泄或是飲食這樣的事情，我們今天認爲是私人的，對於路易十四來說都是國家大事情，並且都有一套很複雜的儀式。

　　從國王的肖像來看，這個時期，早期比較是以戰爭的身體來呈現，慢慢變成英雄身體的再現，再慢慢轉變成人的文化、藝術化，或是陰柔化的身體，因此，絕對王權的展現並非在只有軍事化，也同時也以文明引導者的姿態出現，誠如剛剛所提到的，不只是戰爭的時候，和平的時候仍然要繼續展示權力，靠這就是文學藝術，在柏克這本書中，就經常描述到這樣的文化建置，或是形象塑造的機制。

圖7-2呈現的是路易十四戰爭時的狀況，這類型的圖畫並不稀奇，早在路易十四的父親、爺爺一輩就出現許多，並通常是在戰事勝利後爲了慶祝而畫，所以這裡的天使是神的代表，其他包括戰神雅典娜與桂冠，都是爲了慶祝戰爭的勝利與國王軍事的身體。

圖7-2　Pierre Mignard繪，《勝利女神加冕馬背上的路易十四》（*Louis XIV à cheval couronné par la Victoire, devant Namur*），約1693年繪，凡爾賽宮美術館藏。

　　圖7-3也是戰爭跟身體，《路易十四橫渡萊茵河》，這場戰爭主要是

圖7-3　Adam Frans van der Meulen繪，《橫渡萊茵河的路易十四》（*King Louis XIV of France Crossing the Rhine near Lobith on 12 June 1672*），羅浮宮美術館藏。

與荷蘭對戰，戰爭獲勝後，這幅畫同樣用來展現路易十四能夠征服荷蘭，與戰爭身體的呈現。而電影《王者之舞》（*Gérard Corbiau, Le Roi dance, 2000*）就有一個片段，畫師帶著軍樂隊和士兵，讓路易十四站在高處演奏著雄壯的軍樂，就像戰場指揮作家一樣的擺姿勢，以便作畫。其中可以看到畫家如何呈現他的畫，基本上路易十四根本沒有親臨戰場，不過他只是擺擺樣子而已。事實上當時國王不是每個戰役都親臨，大部分的時候都不親臨戰場。那麼又要寫實地畫出國王出征圖。

　　就靠像這個電影片斷所呈現的製造出一個戰場勝利的場景。這就是路易十四，柏克在書中提到的「偉人的製造」，最常見的就是阿波羅的形象，戰爭身體之外同時也是英雄的身體，路易十四整個家族，各個以羅馬時代的英雄人物、神話故事與當時的服飾展現出來。另外可以看到，不是只有路易十四，之前的國王大概都如此。可是路易十四的特別點在於，他不只有身穿軍服的形象畫，他在許多肖像畫中是穿著較為陰柔的服飾，包括：長假髮、高跟鞋、褲襪等等，也包括他的手勢與姿態。像他最滿意的

一幅肖像畫圖7-4。

圖7-4　Hyacinthe Rigaud繪，《法國及納瓦拉國王路易十四像》（*Louis XIV King of France and Navarre*），1701，羅浮宮美術館藏。

　　而這樣的轉變曾有兩種解釋方式：第一個說法是，這個時期開始，軍事化的形象開始以越來越陰柔的方式展現，這事實上也吻合諾博特‧伊里亞思（Nobert Elias, 1897-1990）所講的「文明化的過程」，從中世紀或是文藝復興中暴力或是武士的精神，慢慢進入宮廷社會（the Court society）裡面產生的效果，因此在服飾上就不再是以武士為主，而是以廷臣的風格；第二種說法則是，絕對王權更要展現「雌雄同體」，說明王權不需要另外一個性別，男女都在他同一個身體，超越了生理的身體。整個過程中，王權再現的形象透過肖像越來越非暴力化、非軍事化，把暴力慢慢

地去除轉變成文藝。

　　路易十四也樂於以文明引導者的方式出現，路易十四巡訪皇家科學院
（圖7-5）、藝術沙龍，巡訪皇家傢俱製造廠（Gobelins）做的大型織畫
（圖7-6），做為藝術與科學的贊助者的路易，透過藝術品、科學儀器再
現，就像戰場那一幅一樣。歷史上路易十四雖然創了皇家科學學院，可是
他一步都沒有踩進去過，所以這是皇室假畫，但真假一點都不重要，人們
也不知道他是否真的踩進去過。對一般人而言，路易十四踩進去與否，根
本不重要，重要的是塑造出路易十四是一位藝術跟文學文明的引導者形
象，從過去軍事征服者，到現在慢慢轉變成一種文明的引導者、贊助者、
製造者的姿態出現。國王的肖像畫，再現的是不在場的國王，當然也再現
了無所不在的國家，看到國王的肖像，就如同看到國家一樣。聖旨也是相
同邏輯，在中國的聖旨，它沒有任何神秘力量，也不是宗教的力量，可是
不遵守，就會遭到斬首，即使肖像沒有那麼嚴重的懲處，基本上還是體現

圖7-5　「科學贊助者路易十四」，Henri Testelin繪，《柯爾貝介紹路易十四皇家科
　　　　學院的成員》（*Colbert présente à Louis XIV les membres de l'Académie Royale
　　　　des Sciences crée en 1667*），凡爾賽宮美術館藏。

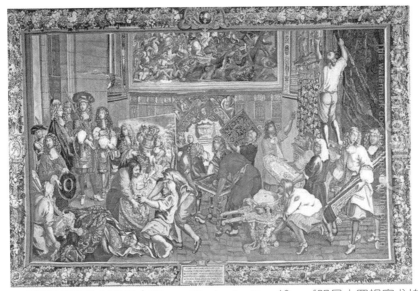

圖7-6　「藝術的贊助者路易十四」，Charles Le Brun繪，《路易十四視察戈柏林工廠》（*Vistie de Louis XIV à la manufacture des Gobelins*），1667，凡爾賽宮美術館藏。

了權力的存在。所以場地、場合的肖像，國王的身體再現無所不在；各種素材的肖像，再現的物質性，永垂不朽，再現了他物質性永垂不朽的慾望，譬如說像徽章，有些材質是鐵製的，有些則是金屬製的，如同鑽石代表愛情的永恆那般，堅不可摧的物質性，更能表現一個國王對於絕對王權永垂不朽的慾望，想要讓他永遠存在的慾望。國家肖像的再現，並不會減少他分身的代表性，卻增加了國王符號學上的神聖性，肖像成為一種再現的主體，肖像的出現、擺放，對那個時代的人來說，就是象徵絕對王權的力量。

另外一種呈現方式，是在《王者之舞》的電影片段中，路易十四年輕的時候很喜歡跳舞，他也接受過舞蹈的訓練，而舞蹈本就是宮廷技巧一部分，與騎馬、劍術，都是屬於貴族必須會的基本技能，國王更要展現他各種能力上比他們更優秀的，此時跳舞就成為他在至少三十七歲之前，經常展現國王權力的工具。

圖7-7是路易十四他們騎馬競技大概是發生在1662年，他爲了慶祝他
兒子的生日，他所辦的大型馬術芭蕾（caroussel），有點像皇家騎兵隊的
cosplay，路易十四扮演羅馬帝王，其他參與的人也扮演成，印度帝王、
美洲國王或是土耳其國王，眾星拱月，環繞著這個太陽，這幾個人的形象
畫都有表現出來。另一幅畫是競技的花式表演，所有的馬，只要國王一
動作馬就會跟著轉、跟著繞，聲勢浩大。還有一種展演方式，是騎兵的競
技表演，就像羅伊・史壯（Roy Strong）所說，宮廷社會創立馬術芭蕾的
原則性、原創性在於：在臣廷面前表演，永遠表演一場國王永遠勝利的戰
爭戲劇[5]。從過去的這種實際的戰爭，現在越來越搬上宮廷的舞臺上去表
演，這就是他展示權力的方式，馬術、芭蕾就像他的身體的跳舞一樣，同

圖7-7　Henri Gissey繪，《慶祝王子生日舉辦的大型馬術巴蕾》（*Le Grand Carrousel donné par Louis XIV dans la cour des Tuileries à Paris, pour célébrer la naissance du Dauphin (5-6 juin 1662)*）

[5] Strong, Roy, 1984, *Art and Power: Renaissance Festivals*, 1450-1650, Los Angles: University of California Press, p.56.

樣的也都是不斷地在強化，不斷地再現絕對王權的一種形式，無疑地當然都是軍事主題，可是已經美學化，直接服從於絕對王權的意識形態，被包裝成騎士的形象，展現國王的權力，以及他對於這個宮廷的依賴。除了國王的身體與表演之外，凡爾賽宮也是絕對王權的展現，它是路易十四所建構的一個宮殿城市，建築物本身也展現了他政治的次序，由圖7-8中可以

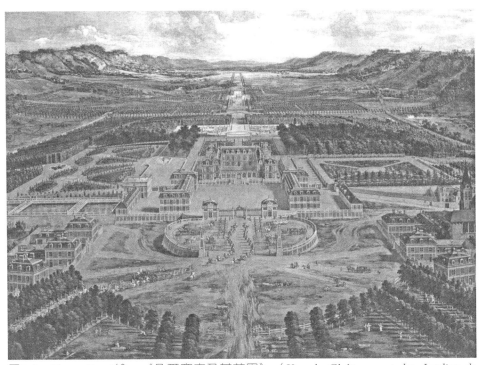

圖7-8　Pierre Patel繪，《凡爾賽宮及其花園》（*Vue du Châteaux et des Jardins de Versailles*），1668，法國歷史博物館藏。

看到，他的建築物群後面整個都是花園，前面的部分，是凡爾賽宮城市本身，平常時候裡面住了三千到一萬人，都是貴族，這三千到一萬人的貴族，每天看著路易十四的日常生活起居，服侍他，然後彼此爭寵，為了一個小板凳，勾心鬥角，甚至各種謀殺暗殺，就是為了更接近國王，因為可以獲得恩寵，看到國王就好像看到國家。所以你看到國王，才會有國家的恩寵給你；才有這個機會，那麼多的貴族，再包含服侍貴族的人，根據Elias的計算整個城大概居住五萬多人，高度密集的宮廷社會裡面，人看

人、人擠人，使得外表的再現成爲非常重要的東西，那也是整個宮廷文化是在十七跟十八世紀，法國文化所有精隨所在，所有的消費性產品都從裡面開始，不斷地、不斷地因爲競爭關係，不斷地、不斷地蹦出來，也是引領風騷的地方，文學作品與藝術作品也都在這裡慢慢，以他爲中心旋轉。

回到凡爾賽宮，凡爾賽宮本身就是一個政治體現，仔細看會發現，凡爾賽宮有一個特色，不只凡爾賽宮，其實那個時期的所有法國建立宮廷，或是這種宮殿式的花園或是法式花園，都有這個特性，尤其圖7-8可以看到，非常的矩陣，非常的幾何圖形，幾乎是對稱的，事實上它是一個古典主義美學下的產物，使用經常看到的構圖方式與美感設計，所以基本上可以看到，政治的次序，也呈現在對於美的事物的欣賞，古典主義就是由此出現，也就是所謂古典主義、美學次序、古典主義的品味。我們根據Elias的定義來看，「一般稱爲古典主義的藝術風格，源自於其精神秉性著：排列整齊、結構合理、精妙巧思、整體產生的幻覺、無任何突發的裝飾，無任何感知以外的堆疊，所以基本上是有很強烈的次序感」[6]。這張圖，就是次序感的體現，如果住在裡面，一眼望過去就是井然有序的感覺。因此，在美學上也同時在呈現所謂絕對王權對於次序的要求，所以對古典主義的次序感，跟政治的次序感之間，事實上是相互呼應的，當然古典主義有很多個面向，我這裡只是在建築這個面向，我沒有太多時間在這點上進一步發揮。

給你瞧瞧我的權力，這就是絕對王權再現力量，它展現在各個面向，是一種權力展演的形式，可以表演、肖像或其他任何形式，只要它能再現國王或國家的權力都有這種再現的力量。這種力量可能不見得是以我們現代人所理解的媒體的政治宣傳或廣告，只在爲政治人物打造他在人們的形象，更不能簡單地以「造神運動」來理解路易十四形象的再現力量，因爲舊政權的法國是絕對王權的政權，不是要防礙民主運動的威權政體。這次導讀希望還原到法國絕對王權的歷史脈絡去理解路易十四的形象製造，因爲它打造絕對不只是形象而已，而是一種國家主權的再現力量。

[6] Elias Nobert, 1974, *La société de la cour*, Paris : Calmann-Lévy, p.108

物種交流與全球史
從《哥倫布大交換》談當代史學的「全球轉向」

蔣竹山

中央大學歷史研究所副教授

一、前言

　　《哥倫布大交換》在1972年出版後，影響了日後許多類似主題的作品，書中的一些重要論點也改寫了世界史教科書。書中的觀念在1970年代提出時，大家其實不太能接受。本書的〈前言〉有提到，出版的過程其實不順利，沒有一家出版社願意出，要不是覺得它的觀點太新，就是說和主流不合。的確，本書跨越了傳統的觀念，認為在近代世界形成的過程中，歐洲人之所以崛起並佔有主要地位，不是因為過去所認為的，建立在船堅炮利等物質文明的基礎之上。

　　作者指出，1492年哥倫布抵達美洲，為當地帶來了所謂的西方文明，是1970年代學界的共識，《哥倫布大交換》所提出的觀念，則在事隔十年，才開始受到學界的重視。此書的繁體中文版於2008年出版，我們晚近才知道這本書的重要性。

　　它的〈序言〉非常有意思，中譯本裡收錄出版30週年的新〈序言〉，和第一版的〈序言〉比較，讀者會看到一位學者在寫作過程中，對自我的反省和挑戰。在新版的〈序言〉中，作者嘲諷了自己在70年代寫作時犯的錯誤，那些錯誤後來都被新的研究成果推翻，但仍然肯定自己所提出來的概念的重要性。西方學術界常常會與時俱進，好的作品會經過

許多人的討論、批評,提供不一樣的意見,甚至影響新著作。不過,引起討論的著作,不表示它的意見會定於一尊,30年後新版的《哥倫布大交換》,觀念做了非常多改變,參考書目也加入了一些新的研究,所以我們現在可以看到兩個版本。

二、「大歷史」的視角

談到歷史著作,臺灣出版界最暢銷的,不得不提《萬曆十五年》。它從1980年代長銷至今,現在依然徘徊於博客來百大排行榜,就算非歷史背景的讀者也略知一二,它的風行程度雖然不能與《饑餓遊戲》、《刺蝟的優雅》等書相比,但在人文領域已是最優秀的成績。《萬曆十五年》採用微觀的歷史書寫,相對於現今市場主流的大歷史書寫,產生一個值得研究的問題:大歷史在寫什麼?

大歷史看的是大時間尺度的地球演變,書寫大致可分成四種主要的切入點,一、環境的視角;二、帝國的觀點;三、物的交流;四、比較史。

《哥倫布大交換》屬於「環境與歷史」,同類型的書還有《槍砲、病菌與鋼鐵》、《瘟疫與人》、《1493》、《文明的力量》,都是從環境和地理因素如何影響近代人類史的的問題意識著手,近年許多科普作者都熱衷此議題。

另外一個視角,和「帝國」有關。影響人類歷史最久的政治組合單位,不是國家,而是帝國,至於民族國家的出現則相對晚近。以兩千年時段的光譜來看,以帝國為主的時間最長。相關的書籍包括:《帖木兒之後》、《世界帝國兩千年》、《看得見的城市》、《未竟的帝國》、《文明》。

「物的交流」,這個主題十分有趣,《哥倫布大交換》其實是在「環境」和「物的交流」兩個不同的研究視角間切換。有關「物的交流」,最有意思的是《維梅爾的帽子》。這是一本看似在談世界史,卻是在講中國史的著作。維梅爾是十七世紀的畫家,代表作是〈戴珍珠耳環的女孩〉,作者透過七張圖像探討物的流動,講述十七世紀全球貿易的故事。《哥倫

布大交換》則著重在動、植物的流動，這種「物種的交流」的研究，在不具備生物學、地理學、環境生態學基礎下，較不易消化其內涵。例如：《1493》，繁體中文譯本近六百頁，令許多讀者望之卻步。如果對全球史有興趣，可以從《維梅爾的帽子》入手。它透過物的交換，講了一個不同於《哥倫布大交換》的故事，不涉及太多環境、地理等跨學科知識，但又不失跨學科精神。在物種交流過程中，除了物以外，人也是重要因素，比如說非洲的大量勞動力是如何到美洲、巴西，也是大歷史書寫裡重要的敘事。

近10年來，大歷史的作品頗受市場青睞，但在專業歷史研究領域則不盡然。若論市場表現最佳，當屬《槍砲、病菌與鋼鐵》，此書在1999年翻成中文，譯者王道還先生常到處去參加營隊或座談演講。此書也令原作者賈德・戴蒙（Jared Diamond）成了一個科普明星。這些不同主題的書之所以吸引讀者，在其共同的關懷，此種關懷亦存在《哥倫布大交換》中。由於作者各自關注的焦點不同，而出現兩種研究法的問題意識。

大歷史著作大多與近代世界的形成為什麼是歐洲國家當霸主？好處為什麼都被歐洲國家拿去了？歐洲國家為什麼在近代可以擴張得那麼快？等議題相關。然而，有一派主張物質文明是優勢，有一派講環境地理是優勢，兩種研究法提出的論點截然不同。物質文明一派由來已久，在《哥倫布大交換》的成書以前，學者大多偏向韋伯（Max Weber, 1864-1920）式的進路，亦即西方之所以在近代會成為主流，主要和資本主義有關，資本主義帶來了一連串物質文明的演進，讓西方在與其他文明的交鋒中更有力量。但克羅斯比（Alfred W. Crosby, 1931-2018）等70年代的學者，不同意主流所謂大的、制度的、文明的角度，提出環境、地理才是主導東、西方，或說是歐美世界和其他地方相比，更佔優勢的原因。立場迥異的兩派至今仍持續交鋒，但已有一些交集與對話。

如果具備經濟背景的讀者，推薦去看《國家為什麼失敗》，該書的〈導論〉有驚人之語，兩個經濟史的研究者認為，過去那些環境決定論的人「寫的都是屁話」，他們認為「笨蛋，關鍵在制度」。這是〈導論〉的

原文，清楚的挑戰環境決定論的主張，且劍指《槍砲、病菌與鋼鐵》，主張應當回歸制度審視歷史的發展，所以《國家為什麼失敗》可以當成經濟史，也可以當作制度史研究。

總的來說，支持制度面的人比較偏向物質文明說，強調財富、權力、體制、價值觀、槍砲和科技；環境地理說強調環境，認為1492年後的交流影響非常大。70年代前，學科比較封閉、專精，學歷史就只會談歷史，不會去談地理和生物、氣候環境等變化，當這些因素加進來後，就令歷史轉變的解釋產生改變。

三、主要觀點及其影響

1972年，《哥倫布大交換》出版之初，並未獲重視，知名度甚至不如1977的《瘟疫與人》，或許是《瘟疫與人》的作者麥克尼爾（William H. McNeill, 1917-2016）是世界史的大家。其實，他有受克羅斯比的影響，兩者概念相近，麥克尼爾後來的許多著作，都是跟隨克羅斯比的思路做微調，甚至連戴蒙也是在這樣的路數下出來的。最近依循克羅斯比的思路產生的著作，就是查爾斯‧曼恩（Charles C. Mann）的《1493》；本書在2013年由衛城出版社翻譯出版，性質為科普書。曼恩常在自然雜誌、科技雜誌撰寫科普文章，他對克羅斯比的問題非常感興趣，蒐集了非常多的資料。在《1493》的〈導論〉中，作者說明為什麼他要寫這本書，提到他跑去問克羅斯比為什麼不繼續做大歷史？克羅斯比回答做膩了，不想碰，鼓勵曼恩去做，於是曼恩就真的去做。

西方的文化非常有包容性，即便不是歷史學者，如果對該課題有興趣，並去蒐集、消化了相關資料，也可以寫出類似學術著作、但一般人接受度更高的作品，《1493》就是如此，這也側面反映《哥倫布大交換》的影響力到現在還持續之中。

《哥倫布大交換》主要說的是在1492哥倫布到了美洲之後，帶給世界最大的改變是物種的交流，包括已融入現代人日常生活的咖啡、小番茄、馬鈴薯等等，都是在物種大交換之後才廣為傳播。除了這些動、植物

外，還包括疾病，它們對往後的世界，特別是對美洲地區的發展，帶來一定的衝擊。

克羅斯比早期受環境地理說影響，在耶魯大學和華盛頓州立大學任教時，有諸多這方面的著作。其中，最出名的，當然是《哥倫布大交換——1492年以後的生物影響和文化衝擊》。物種交流發生後，在亞洲吃得到美洲的物種，歐洲出現亞洲的產物，美洲也出現大型哺乳類動物等，這些物種的交流，讓世界更多元豐富，但也造成一種「生態帝國主義」（克羅斯比在1986年有發表相關論著）。物種的交流，在不同的區域令特定物種佔優勢，也包括疾病在內，而讓歐洲的擴張有優勢；他們在殖民的過程中採取同樣的模式，取代、淘汰原本的在地生態。換言之，歐洲因為有人力和物資上的優勢，加上物種的交流，藉由大量種植取代原生種，例如北美大量種植菸草。除了物質文明外，是從生態角度來看另一種研究取徑。克羅斯比提出來的物種交換，還包括玉米、菸草、番薯等物種的交流。菸草是晚明時從東南亞、日本及朝鮮的東北路線傳到中國，晚明時期，北京、東北的士大夫就開始抽菸，官方看到這種情況，決心整頓這些舶來品，所以有段時間官方禁菸。另外，物的交流也提供了食物的來源，造成人類飲食，以及昆蟲、病毒細菌生態的改變。

本書的出發點是想探究歐洲興起和擴張過程，並從生態環境的角度來解釋，克羅斯比的另一本書《生態帝國主義》，也是在回答此命題。除了物種外，有個大課題是「疾病的出現」。克羅斯比提到一個學界之前沒注意的問題：歐洲人到美洲後，幾百人的西班牙人為什麼可以在短的時間內讓大量的當地人口消失？過去的解釋多從槍砲等物質文明等角度解釋，但他提出「疾病」的看法，這個說法現在也廣為人知。克羅斯比進一步追問，過去學者為什麼沒有注意到這種生物形式改變的觀點？這和視野有關，沒有視野就算有資料也無法關注到。在他之前，經濟史學者曾試圖提出解釋，在他們建構的龐大世界經濟體系內，談的主題還是西方經濟資本交易、貿易的問題，但克羅斯比注意到環境的因素。他在新版〈序言〉也提及了這三十年來學術生態的改變，歷史界加入考古、醫學、植物學的觀

念，讓整個學術界有更多元的視角。

　　即便聚焦在疾病，研究者仍可追問：假設疾病對人口、文明的影響這麼大，爲什麼是歐洲的疾病佔優勢？這在《槍砲、病菌與鋼鐵》中有提出解釋。歐洲人將天花帶到美洲，也帶回了梅毒。克羅斯比在七〇年代寫《哥倫布大交換》時，梅毒佔了一章的比例，三十年後他覺得應該有其他更重要的影響因素，但天花確實造成相當程度的影響。電影《世紀大戰》（*War of the Worlds*, 2005）以比較荒謬的方式改寫了這個故事，描寫有一天突然發現很多大型機器人從地底冒出來侵略人類，一開始人類節節敗退，最終反敗爲勝的故事。最終翻轉的關鍵，是人類發現機器人在飛鳥盤桓時會突然當機、停止運作，後來發現是因爲這些機器人久居地底，對地表的微生物沒有絲毫抵抗力。電影最後有個註腳：「他們不知道地球幾億年前存在的微小生物，人類已經跟他相處很久了，所以有免疫力。」這和《哥倫布大交換》疾病戰勝一切的概念類似。

　　在克羅斯比疾病影響說提出以前，主流觀點解釋西班牙人打敗美洲原住民的原因，包括軍隊精良、鐵製武器、擅長騎兵戰等。美洲其實是有馬的，但是可馴服的馬是歐洲帶過去的，戰爭史、武器的演進，也是文明的一種表現。在臺灣，奇美博物館有這類武器的完整蒐集，包括槍、砲、盾、日本武士刀械等等。從文明的角度來看，過去的解釋也沒錯。到了近代，西方的武器加入戰場，許多弱勢的一方也會應運生發一些新花樣，拙著《裸體抗砲》談的就是晚明清初時，火砲已經應用於戰場，政府軍在和叛軍對壘時，流行的對抗方式就叫婦女脫光衣服裸體抗砲，是一種厭勝之俗。梅爾吉普遜（Mel Gibson）主演的《英雄本色》（*Braveheart*, 1995）也有類似橋段，蘇格蘭軍隊在和英格蘭軍隊作戰時，他們讓男生把蘇格蘭裙掀起來，屁股對著英格蘭的軍隊表示嘲諷。「裸體可以抗砲」的這種觀念一直持續到近代，魯迅（本名周樹人，1881-1936）的《朝花夕拾》記錄了魯迅的奶媽在太平天國時期時，也被叫到城上去抵抗太平天國的軍隊。電影常會呈現槍砲等西方暴力的手段，《阿波卡獵逃》（*Apocalypto*, 2006）中就有提到，森林中比較開化的原住民被比較原始

的「生番」綁架、虐待的情況。

克羅斯比對物質文明提出修正看法，主張需要注意疾病的影響。美洲文明過去很少接觸到「舊世界」的人，所以當這些人大量到美洲時，美洲人是沒有抵抗力的，而西方人就像《世紀大戰》中的人類，因為長期和疾病相處，受到的影響相對於美洲人，可說是微乎其微。天花、麻疹、肺結核、傷寒、流感等疾病在當時都被帶到美洲，而梅毒則傳回歐洲。書中提到這些例子只是一個開頭，十七到十九世紀，非洲黑人被帶往美洲等地從事勞動，也帶來了非洲的瘧疾、黃熱病，這些故事都展示了疾病在長時間歷史中的角色。

四、其他相關的大歷史著作

《生態帝國主義》又把前述內容更加強化，殖民者在殖民的過程中，大量開闢種植園和農場，引進非洲勞工。過程中，打造的生態模式改變了當地原生生態。例如，種植菸草方面，就和之前原住民種植菸草的狀況非常不同。克羅斯比的《哥倫布大交換》、麥克尼爾的《瘟疫與人》，影響了九〇年代的《槍炮、病菌與鋼鐵》，也塑造了新的明星戴蒙．戴蒙是演化生物學家，主要在新幾內亞做鳥類的田野調查，但其敏感的研究神經，寫出一本關於人類學、歷史學的研究。

《槍炮、病菌與鋼鐵》在1995出版，1998得普立茲獎，1999年臺灣就有中譯本，其中關於「地理差異」的觀點，深刻影響臺灣學界。因為美洲地形狹長，緯度差異大，所以各種歐亞的物種要傳過去是比較慢的，他們甚至沒有大型哺乳類；這就解釋了疾病的差異，有些病是歐洲人影響世界，不是其他世界影響歐洲，這是他的主要論點。他在做鳥類調查時，碰到當地的土著酋長亞力，亞力問他：「為什麼好處都被你們歐洲人拿走了？」所以他就開始針對這個問題做研究，希望自己的地理環境調查，可以解釋原住民朋友的提問。他在〈導論〉先回顧過往學界的主張，譬如人種差異、優越論。十九世紀時，人種優越論被提出，並影響學界對人種的看法，因而出現非洲人比較懶，或是熱帶的人比較懶等說法。

《1493》是將很多書的精華綜合後，寫出的另一種故事。作者曼恩從事自然科普的寫作，不是研究型的學者，他得獎的上一本書是《1491》，這兩本書就是他的成名作。《1493》在寫哥倫布到美洲前美洲蚯蚓的故事，他認為北美生態的改變，有沒有出現蚯蚓關係很大。蚯蚓有個習慣，一輩子不會跑出居住地，假設沒有外力帶入其他蚯蚓，那個地方的生態是不會改變的；言下之意，便是歐洲人帶了特別的蚯蚓到北美。蚯蚓是隨著歐洲貨船上壓艙物的泥土過去的，到美洲卸貨時，歐洲和美洲的泥土就混合了，他就此進一步闡述這對美洲的生態的影響。《1491》和《1493》的出版，向讀者們更細緻介紹了物種的交換，他幫克羅斯比補充生態帝國主義的概念，也將克羅斯比及其以前的看法綜合起來，作系統性的、更大框架的解釋，而且將中國納入了討論。書中專門有一章講中國在近代世界扮演的角色，認為「十八世紀之前，世界的中心在中國」，這是比較晚近的說法。在七○年代以前，「歐洲中心論」影響整個學界的看法，包括中國史在內的書寫，都說宋元是外向型的國家，到了明清是內陸、封閉的國家，各種制度都對貿易不利，但《大分流》的出版改變了往後的寫作。彭慕蘭（Kenneth Pomeranz）曾於2014年擔任美國歷史學會會長，2000年出版的《大分流》影響非常大。他的概念是：「十八世紀之前，世界的中心在中國」，所以前述「物的交流」相關著作重點都是走向中國。

　　《1493》的架構是：大西洋的旅程、太平洋的旅程、世界的歐洲、世界的非洲，因為「十八世紀之前，世界的中心在中國」，所以歐洲所有的商船都是向亞洲航行，尤其像十七世紀的荷蘭，中國的角色就被納入世界秩序的運作中。《維梅爾的帽子》就提到「同種新式」的概念，所有的物種交流的結果，歐洲占優勢，它是把物種同一化，東西過去後改變了地方，例如：菸草大量種植造成的改變，就和蚯蚓的故事有關，他在《1491》鋪陳，而在《1493》詳加闡述。蚯蚓和菸草有什麼關係？蚯蚓改變了當地的生態，一種叫陸正蚓的蚯蚓進到北美後，讓土壤鬆化，原本當地不會有這樣的免費勞動力，讓歐洲人在北美種植菸草，取得的效益遠

勝於原住民種的菸草，這是人力和蚯蚓的加成效果。

有一章談到馬鈴薯如何影響到農業的革命。《1493》的中文版封面是幾百種紫色、紅色、黃色等等的馬鈴薯，南美洲的馬鈴薯其實非常多樣，但我們常吃的只有幾種；香蕉本來也有很多品種，但改良後真正適合人食用的只有一兩種，不同地方吃的香蕉種類也可能不一樣。馬鈴薯之於十八、十九世紀的農業革命，就如同橡膠之於工業革命，也有人寫了《橡膠如何推翻滿清》，談論橡膠帶來的工業革命。這些相關的著作其實都是受到《哥倫布大交換》的影響。

五、歷史書寫轉向與全球史

我們可以從更大的視角，來看這些經典之作所關心的問題。例如：本書中導讀的《製作路易十四》就是屬於文化史的著作，這些書就是文化轉向後，歷史學家關注文化議題的成果。歷史學在六〇年代和社會科學比較接近，歷史學的寫作一定要提到韋伯、馬克思，現在這兩個人比較少被提及，因為後來歷史學和社會科學漸行漸遠，跟人類學和文學漸漸接近，也就是開始文化轉向、關注文化議題，中央研究院歷史語言研究所研究員王鴻泰稱之為「從經世濟民做到聲色犬馬」，意思是歷史學過去都研究大的民族、國家課題，但現在都做跟民生有關的食衣住行育樂等。王鴻泰本身就是研究妓女、情色、生活的，他不像老一輩學者，研究梁啟超或研究制度，埋頭一個主題一輩子。生活史的研究大多受到文化轉向的影響，但最近歷史學又開始關心大議題，尤其是在「911事件」後更加明顯。

七〇年代出版的《哥倫布大交換》之所以再次受到重視，可說是因「911」之後，美國學界開始投入更多資源去回顧自中世紀以來，西方文明和其他文明接觸的種種的文化課題，所以我們現在會看到歷史學有一個「全球轉向」，會關注大歷史，或從比較的視野來看前述的課題。柯嬌燕（Pamela Kyle Crossley）出版了《書寫大歷史》，她是研究清史的，要如何去寫一個全球史的東西？當然有人把她歸類為「新清史」學派，她這本書英文的書名直譯成中文是「什麼是全球史」，臺灣把它翻成「書寫大

歷史」。本書有四個命題：分流、合流、傳染、體系，其實就是前面討論的幾本書所共同關注的焦點。美國學界在談清史，是放在一個全球史的脈絡下，關注清帝國和邊疆的互動，所謂中亞轉向、內亞轉向；受到滿文資料的影響，加上他們把清帝國放在世界帝國的脈絡去看，甚至把它當作是西方的帝國，看它和其他民族的互動方式、看帝王如何扮演一個多元民族帝王的角色，尤其清朝邊疆拓展過程和帝國主義很像，在這樣的脈絡裡，清史也是世界史的一環，所以一位清史學者寫出了一部全球史的書。

全球史的寫作特色之一，是挑戰民族國家歷史。從十九世紀蘭克（Leopold von Ranke, 1795-1886）建立歷史學為專業學科以來，歷史的書寫範疇觀一定是以國家為單位。傳統的中國史觀，斷代非常清楚，但也有些史觀不太強調斷代，而是強調一個時期的特色，例如將唐宋視為一個時期，如果用斷代史去談，其實是民族國家的傳統寫法。全球史是打破疆界的，也打破西方「中心－邊緣」兩極的概念，通常在談「流動」，很多議題不是民族國家的框架可以處理的。

六、物質文化的交流

在書寫歷史的時候，如何更貼近地描繪每個時代的人是一大挑戰。談十六、十七世紀的人對世界的感覺是不太一樣的，就像十八世紀跟十九世紀的人會不太一樣。比如彼得‧蓋伊（Peter Gay, 1923-2015）書寫啟蒙運動、佛洛伊德（Sigmund Freud, 1856-1939）、感官的歷史，重點是談十九世紀的中產階級，他們對時代感受的最大差別，是速度、交通、移動，鐵路的出現，對那個時代影響非常大，跟坐著馬車就是不一樣。

十七世紀的人開始覺得，自己所處的地方絕對不是孤立的，跟世界各地有非常密切的接觸，卜正民（Timothy James Brook）所描繪的正是這個時代，他在以七張圖寫出《維梅爾的帽子》之後，又用一張圖寫了一本《塞爾登先生的中國地圖》，很細緻的去考證一張地圖的細節，但是就可讀性而言，還是前一本比較高。從《維梅爾的帽子》的書名和封面讀者就會產生一連串的好奇，這本書跟維梅爾有什麼關係？封面是在室內，戴

著帽子的歐洲軍官,維梅爾是十七世紀的荷蘭畫家,他生長在臺夫特,是一個有河口港的小鎮。卜正民年輕時壯遊,騎腳踏車摔倒,被一個老婆婆救了,還招待他去她家,跟他介紹臺夫特當地有一個博物館,收藏了非常多的瓷器,他當時是研究明清時代中國史的研究生,就很感興趣地跑去參觀,知道原來這個地方是維梅爾的故鄉,於是開始去接觸維梅爾和當地的故事。

維梅爾的畫大多是室內畫,他的畫呈現了十七世紀的荷蘭和世界各地接觸的特色,所以他用每一張畫做物的連結。譬如他的第一張畫在講皮毛,當時軍官戴的帽子是北美的海狸皮,是用槍枝跟北美的原住民換來的。當時製作帽子的皮毛,通常是用歐洲比較多的動物,像是繁殖很快的兔毛。但在十七世紀,歐洲發現北美有非常大的市場,可以跟原住民打交道換來海狸皮,於是探險家開始到五大湖區、哈德遜灣、加拿大,所以現在加拿大有些城市呈現荷蘭、法國早期的城市風格。當時的探險家有一種地理想像,認為往北走經過俄國,可以到中國,因為耶穌會的傳教士回到歐洲後,會講中國的故事。傳統的航線要繞過好望角,需要一年以上的航程,又有船難、鯨魚等風險,加上伊斯蘭世界阻擋住了陸路,於是就想經由北美走去中國。

十七世紀的人不知道北極的情形,有個出版社幫《福爾摩斯》的作者柯南·道爾(Sir Conan Doyle, 1859-1930)出了一本書,寫他還是醫學生時跟隨北極探險隊去北極探險和獵殺鯨魚、海豹的經驗;他的日記也被翻成中文,裡面還有一些手繪的獵鯨魚圖像。這是在十九世紀才有的故事,十七世紀只能是想像。臺鐵有一張畫全臺火車路線的地圖,全臺火車路線的貫穿是日治時期,但它用的是十七世紀荷蘭人畫的地圖,當時荷蘭人不知道東部的地理,把東部畫成三個離島,所以十七世紀的人的地理想像是錯誤的,到十九世紀才有新的發現。

回到維梅爾的畫作,人們當然不可能真的這樣走到中國。維梅爾還有兩張室外的風景畫,是臺夫特的船舶停靠港口的情形,後面的紅色房子是荷屬東印度公司的倉庫,再後面有兩個尖頂的是教堂,這和現在臺夫

特的景觀差不多，有些人就把這兩張放一起對照，河口的變化差別不大，教堂還在，東印度公司的房子不在了。另一張室內畫主題是十七世紀的少女在讀信，她可能讀的是什麼信？當然沒有文獻資料，但有時歷史就要點想像，她可能在讀前往東方的船員捎來的一封家書。除了少女，人們還可以看到鋪在桌上的地毯，這是當時的習慣，比較名貴的地毯是放在桌子上的；還有盛裝在瓷器中的水果，這也是在講「物」，講瓷器的故事。歐洲盛食物的東西大多都是瓷器，這就講到瓷器如何透過貿易管道傳到歐洲。關於瓷器的故事是，當時江西景德鎮生產的瓷器賣到歐洲，除了山水、花鳥、風水、神仙的圖樣，還出現許多歐洲貴族喜歡的紋飾，可見已經客製化了。十七世紀歐洲訂單的中國瓷器，除了博物館收藏外，很多是透過沉船打撈起來的。譬如在中國廣州外海打撈起一艘沉船，因為上面有很多瓷器，他們撈起來後就蓋了一個博物館讓研究員去調查。

　　全球貿易的故事還包括航海知識的改變，所以地球儀也常常出現在這類畫作中。同樣通過圖像敘說的，還有菸草的故事，當時的瓷器上可以看到神仙在抽菸斗，他在講菸草怎麼傳到中國。書中其他章節也有講到白銀，明中葉後江南人變有錢，是大量白銀進來的結果，所以當時有很多他們在秤白銀的圖像，白銀以重量作為幣值，電影、電視劇常可看到秤銀兩的畫面，例如：周星馳的電影常常呈現明清時代的場景，這裡面會出現碎銀，不過最精彩的，當屬《三言二拍》中商人的故事，就有講到白銀怎麼交易，這都是歐洲人帶進來的。白銀的故事不只是歐洲這條線，日本也有非常多的銀經由貿易流入中國，所以日本有些地名和銀有關，大概以銀座最為知名，它後來怎麼變成商業中心，這又是另外一個故事了。當然，人的交流也是一個重點，圖像中也有出現其他膚色的人，例如傭人。所以這本書是講「物的交流」的故事中非常精彩的一本，他會把時代的面貌用敘事方式呈現出來，看起來在講世界史，其實在講中國史。

　　在大歷史的書寫中，《哥倫布大交換》講的是「物種」的交流，「物」的交流就可以以《維梅爾的帽子》作為代表。卜正民在2015年出版的《塞爾登先生的中國地圖》講十七世紀時一張繪製者不明的地圖，那

張地圖的南海部份非常標準，形狀都一樣，雖然是西洋的畫風，但上面都寫中文。這張畫出現在牛津大學，然後被一位國際公法的學者塞爾登收藏，他過世前捐給圖書館。這張圖沉睡了四百年左右，直到前幾年才被發現，學者發現這張圖很特別，這本書在講這張圖怎麼流傳到英國，講英國對國際法的討論，什麼樣海洋的範圍是屬於國家的、是自由的、開不開放的等。他先講十七世紀的背景，再回到這張圖怎麼出現在十七世紀的歐洲，也就是用一張圖講一個十七世紀的故事。

七、結語

從前面提到的各種大歷史著作，可以發現這時代的學者在寫書時，看起來是宏觀的故事，但是抓住一個實物或一些特別的、微觀的東西，也可以講一個大時代的故事，它不見得要講一個長時間的議題，這就是全球史書寫的特色，從《哥倫布大交換》到《塞爾登先生的中國地圖》都是如此。然而對於「物種交流、環境決定影響近代文明」的說法，仍有不少反對意見，有一派學者就強調制度的重要性，例如《國家為什麼失敗》。這種類型的書，最近比較受矚目的是尼爾‧弗格森（Niall Ferguson）《文明：決定人類走向的六個殺手級app》，舉出六個制度面的議題論證西方文明的優勢，作者稱之為「app」。弗格森從事社會經濟研究，他的書非常暢銷，在歐美非常知名，寫法也相當獨到。

自《哥倫布大交換》出版後，有非常多的論辯出現，包括從環境的、從物質的，有談帝國兩千年的，我們可以看到現在的歷史走向，談全球史、國際史，或是跨國史，基本上都是一種全球的視野，這種書寫現在越來越多，改變了我們對歷史的看法，「中心－邊緣」不是固定的，當我們跳脫了疆界的概念後，中心有時候可能是邊緣，邊緣有可能是中心，這不是由地理決定的，而是一個流動的過程。

在這個時代做學術研究，不是用一個民族國家的概念在看問題，而是放在一個更廣的脈絡。有學者認為六〇年代是敘事的復興，但是現在是全球史書的時代的到來。哈佛大學的系主任David Armitage寫了一篇文章，

登在《思想史》期刊的第一期，他提出「全球思想史」的概念，認爲把某些議題放在全球化脈絡的議題去看，可以看到新的面貌。回到主題，七○年代的學者克羅斯比在《哥倫布大交換》這本書裡面，已經提出一些基本的概念，經過三四十年，學者們陸續做出一些更精細的研究，我們可以看到整個學界有一個全球轉向的趨勢。

重讀《瘟疫與人》
疾病史研究的回顧

李尚仁

中央研究院歷史語言研究所研究員

一、前言：非典型的經典

古希臘希波克拉底（Hippocrates, 460 B.C.-377 B.C.）著作中有句名言：「醫學是由三個要素所構成：疾病、病人與醫師」。重要的美國醫學史學者查理・羅森堡（Charles E. Rosenberg）引用並衍伸這句話，宣稱他「在教醫學史的入門課程時，總是從疾病入手」，因爲「任何時代的男男女女都會生病，而回應疾病就是醫師專擅的社會角色」。

疾病史（history of diseases）不只是醫學史的一部分，更成爲一個熱門的史學研究領域。羅森堡爲約翰・霍普金斯大學出版社主編「疾病的傳記」（Biographies of Disease）書系，邀集歷史學者針對個別疾病撰寫歷史，牛津大學出版社也出版類似的同名書系。除了個別疾病的歷史研究之外，針對人類史上重大疾病所寫的「大歷史」也不少。

威廉・麥克尼爾（William McNeill, 1917-2016）的《瘟疫與人》（*Plagues And Peoples*, 1976）就是一部疾病的大歷史著作。它是疾病史的經典，卻是一部「非典型」的經典。一般來說經典著作是因爲其內容有著歷久彌新的價值，後學一再回頭深讀細思，仍能得到寶貴的知識與啓發。《瘟疫與人》卻不盡然是如此。今天看來，這本書的一些說法問題不少、論點有許多爭議，其大命題是否能成立也頗有疑義。《瘟疫與人》之所以稱得上是經典，一方面因爲它是疾病史研究某種特定方法與取向最具

代表性的著作，一方面也因爲它的大膽論點引發許多批評，這些爭論本身就構成了疾病史研究必需注意的方法討論。

二、麥克尼爾生平述略

　　麥克尼爾於1917年出生在加拿大溫哥華，但絕大部分的生涯是在美國度過，因爲他的父親是位研究基督教史的學者，在麥克尼爾十歲那年取得芝加哥大學的教職，搬遷美國。麥克尼爾大學讀的就是芝加哥大學，博士學位則是在康乃爾大學取得，1947年他回到芝加哥大學任教，直到1987年退休。麥克尼爾退休之後仍著述不輟，他在2016年7月8日逝世，享壽九十八歲。這位長壽的歷史學者著作等身，成名作是1963年出版的《西方的興起》（*The Rise of the West: A History of the Human Community*），這本書的主標題或許會讓人以爲麥克尼爾談的是「西方」的歷史，但從副標題就可以看出其範圍更加寬廣；麥克尼爾在這本書中探討數千年來人類不同文明的互動，以及西方如何於近五百年間在此過程中興起。1976年出版的《瘟疫與人》也是如此，從生物史（biological history）的角度綜論人類從史前至今的整體歷史。麥克尼爾另一本名著是1982年出版的《權力的追求》（*The Pursuit of Power : Technology, Armed Force, and Society since A.D. 1000*），討論軍事與科技如何影響權力關係與人類社會。現在歷史學界走向專門化，學者研究通常處理很特定的課題，往往很仔細地探討範圍較爲有限的題目；麥克尼爾則不然，他常處理大主題、大歷史，甚至往往以整體人類的歷史爲研究對象。今天他被視爲是「世界史」（world history）這個領域的開創者之一。

三、歐洲征服美洲之謎

　　麥克尼爾在《瘟疫與人》的序言表示，寫作此書的構想來自於他在研究寫作《西方的興起》時，注意到一個不尋常的重大歷史事件：爲何爲數甚少的西班牙冒險家（幾百人、頂多數千人）在征服美洲時，能夠擊敗印加與阿茲特克等人口以百萬計的帝國？

這個寫作的問題意識，其實跟美國歷史學者克羅斯比（Alfred W. Crosby, Jr. 1931-2018）在1972年出版的《哥倫布大交換：1492年以後的生物影響和文化衝擊》（*The Columbian Exchange: Biological and Cultural Consequences of 1492*）相同，而麥克尼爾的研究架構、使用的方法與概念，和克羅斯比也非常相近，今天都可歸類為生物史、生態史（ecological history）乃至環境史（environmental history）。不少學者認為《瘟疫與人》和《哥倫布大交換》是環境史的開創性著作。麥克尼爾對歐洲征服美洲之謎的解答，和克羅斯比乃至後來一些生態史學者都大同小異。

　　簡單的說，就是疾病帶給西班牙人優勢。西班牙從歐洲大陸帶過去的傳染病是美洲所沒有的，當地原住民因為從未接觸過這些疾病，因此缺乏免疫力，一旦疾病開始在原住民社群中傳染，就會有很高的罹患率和死亡率。

　　這種全新的疫情可能會帶來很嚴重的政治與經濟後果，例如《瘟疫與人》提到科爾特斯（Hernán Cortés, 1485-1547）攻擊阿茲特克帝國首都特諾奇提特蘭（Tenochtitlan）的戰役，科爾特斯原先被阿茲特克部隊逐出城外，隨後科爾特斯再次整軍經武集結部隊，聯合其他印地安人部落，準備重新發動攻勢。另一方面，特諾奇提特蘭卻發生了嚴重的瘟疫，造成包括士兵在內的大批阿茲特克人死亡，導致無法乘勝追擊，最後帝國首都淪陷，位於今天墨西哥的阿茲特克帝國，就覆亡在科爾特斯手上。麥克尼爾認為這場瘟疫就是天花，是西班牙人帶去的疾病；天花在歐洲是一種本土的疾病（endemic disease），很多西班牙人在幼年就得過這個病，所以有了免疫力。可是阿茲特克人從來沒有接觸過這個疾病，因此完全沒有免疫力，一旦感染不但會在族群中快速傳播，而且死亡率很高。麥克尼爾認為天花也是造成印加帝國覆滅的主要原因。在和西班牙人發生戰爭之前，印加帝王跟太子都死於天花，引發帝國內戰，接下來又疾病流行肆虐，於是印加帝國面對皮薩羅（Francisco Pizarro, 1471-1541）的部隊就完全沒有招架之力。

玖　重讀《瘟疫與人》——疾病史研究的回顧

145

麥克尼爾強調疾病造成的衝擊不僅限於軍事，還包括文化與宗教。他認為印地安人一和西班牙人接觸就發生嚴重病情，軍事上也一敗塗地，不只對他們的社會造成很大的打擊，還失去對自身神祇的信仰。西班牙人一方覺得上帝站在我們這邊，瘟疫降臨在我們的敵人身上，因而信心滿滿征服得理直氣壯；反之，美洲原住民則覺得：為什麼我們的神都沒有用，我們的敵人無往不利，災難都是降臨在我們身上。麥克尼爾認為這嚴重打擊美洲原住民的信仰、文化自信和傳統價值觀，導致整個族群喪失鬥志，接著大批的美洲原住民改信天主教，喪失自身的宗教與文化。

我們可以看到，這種由生物推論到人口、軍事征服，然後推演至政治、文化與宗教的思考理路，貫穿了《瘟疫與人》全書的寫作。

四、新興疾病與人類社會

新興疾病的出現，確實可能因為人群缺乏免疫力而造成嚴重的後果。這就好像現在我們擔心禽流感的發生，因為流行性感冒（influenza）雖然是慣常出現的疾病，但病毒株每年會有所變化，所以衛生單位鼓勵每年定期施打疫苗，基本上大部分人對這種季節性流感多少都有一些免疫力。可是禽流感是遺傳重組過的全新病毒株，人們因為過去沒有接觸過而缺乏免疫力，若出現流行則死亡率可能會很高。例如1918年的全球流感大流行是全新的病毒株，全球估計死了四千萬人以上。

然而，為什麼是新大陸的原住民對舊大陸的疾病缺乏免疫力，而不是歐洲人對美洲的疾病缺乏免疫力？對此，另一位環境史學者克羅斯比提出一套相當巧妙但高度玄想的解釋。他認為美洲原住民的祖先是在冰河時期白令海峽凍結時，由西伯利亞穿越白令海峽前往美洲。遷徙過程中寒冷的氣候使得許多的病菌無法生存，加上艱苦的遷徙過程也使得許多原本有病的人死去，因此身上的病菌也就沒有跟來。只有最健康的印地安人能在艱困的旅程生存下來，這些身上沒有什麼病菌的遷移者來到了美洲這個疾病相對少的孤立環境，代代生養之後，其後代對許多疾病也就沒有免疫力了。

麥克尼爾則認爲，美洲的家畜與農作物的種類都比歐洲少，因此由家畜傳染給人的人畜共通傳染病也少，這使得哥倫布之前的美洲原住民從未接觸過歐洲的傳染病。此外麥克尼爾認爲，家畜與農作物的種類較少也使得新世界居民的營養比較不好，以致罹患新疾病時抵抗力較弱而死亡率高。

戴蒙（Jared Diamond）近年轟動一時的著作《槍炮、病菌與鋼鐵：人類社會的命運》（*Guns, Germs, and Steel: The Fates of Human Societies, 1999*），對此一問題的解釋和麥克尼爾十分相似。戴蒙從生物地理學的角度出發，認爲歐亞大陸面積較大、物種較多，舊世界馴服的農業動物也比較多，因此舊世界的人群較早接觸到更多的人畜共通疾病，因而對這些傳染病的免疫力較佳。

五、人類文明的生態史

歐洲征服美洲是件改變世界歷史的大事，對此能提出周延的解釋已屬不易；然而麥克尼爾的雄心不僅止於此，《瘟疫與人》可說企圖寫出一部人類文明的生態史。

這本書的第一章，就從人類的起源開始講起。麥可尼爾接受人類起源於非洲的學說，他還進一步推論，認爲人類祖先原本赤身露體居住於赤道的雨林樹冠，這樣的環境有很多種類的寄生蟲，因此人類祖先原本接觸過很多種疾病。接下來他們遷移到地面，從非洲擴散到各地。在不同的環境定居下來的人群遭遇不同的疾病環境，一開始可能要耗費一段時間去適應。例如，非洲草原可能有很多的疾病，如寄生蟲疾病、傳染病；溫帶的地方因爲寒冷，所以寄生蟲疾病可能就變少了。麥克尼爾宣稱衣服是很偉大的發明，因爲衣服可以使人類往寒冷的地方遷移，也可以阻絕掉一些外部寄生蟲的侵襲，讓人類可以移居到北邊或高地。麥克尼爾認爲，不同於非洲等潮濕熱帶，溫帶地區的寄生蟲乃至各種病菌都比較少，但人類在溫帶住久之後也會失去對一些疾病的抵抗力。

除了氣候和遷徙之外，麥克尼爾認爲農業是改變生態與疾病而影響歷

史的第二個重大因素。人類開始畜牧農耕，會帶來一些新的疾病，比如說在灌溉的土壤種水稻容易感染吸血的寄生蟲，導致身體衰弱；溫暖潮濕的地方會有蚊子傳染的瘧疾，農業灌溉可能導致瘧疾盛行。很多的疾病是人畜共通的，比如牛和人都會感染的結核病等等。農耕和畜養家畜使人感染上新的疾病。第三個重要因素是城市。農業帶來城市的興起，導致人跟人比較密切的接觸，因而居民較容易罹患天花。麥可尼爾以麻疹為例，認為根據當時流行病學者的估算，一個城市的人口要達到四十萬以上，麻疹才會變成本土病（endemic disease），這是因為麻疹傳染力強且得過的人就有免疫力，一個社群如果人數不多，很快大多數人都會罹患，倖存者則會有免疫力，麻疹就沒辦法繼續在這個社群循環傳播。可是如果城市人口大於四十萬的話，因為麻疹是種週期流行的疾病，這樣多的人數就足以讓其週期一再循環。所以麥克尼爾認為麻疹這類傳染病是城市的疾病。

都市化帶來城鄉免疫力的差距。《瘟疫與人》舉十九世紀法國徵兵的例子，宣稱鄉下來的年輕人表面看來粗壯健康，可是在軍中的死亡率反而比較高；出身城市看起來瘦弱的男子，死亡率反而較低。麥克尼爾認為這是因為住在擁擠城市的年輕人，幼年時已經接觸到很多傳染疾病；鄉下小孩子因地廣人稀而從未接觸過某些疾病，到了成年還沒免疫力。所以在軍隊會出現這樣的現象。此外，鄉下比較健康而導致人口過剩，所以很多人會往城市遷移，補充城市的人口，可是很多人在這個過程中得病，也讓傳染病有了新的感染對象而延續不息。城市是經濟的中心，人口多，但也是疾病的來源。

麥克尼爾認為城市對於十九世紀民族主義的興起也很重要。我們知道，移民到不同國家會去學當地的語言。就像臺灣人移民美國要學英文，臺灣來自東南亞的新移民則會學習中文。然而，麥克尼爾以奧匈帝國為例，指出維也納和布達佩斯等重要城市的語言本是德文，由於大量湧入來自帝國領地的新移民，這些人在當地聚居形成自己的社區，由於左鄰右舍都是同鄉，成員就不需要學新的語言，用母語溝通就可以。然而，長此以往就會使得這個社群成為一個和當地居民分離的族群，這些人日後就會要

求政府必須承認他們的母語，並爭取該族群的政治權力，這就逐漸變成獨立運動的起源。巴爾幹半島等原本由奧匈帝國統治的地方，各個族群到了城市接受教育，有了民族意識又講自己的語言，就形成獨立運動。

從疾病的生物史角度出發，麥克尼爾對許多重大歷史事件都提出其解釋和說法，在此無須一一詳述。我們只要了解到《瘟疫與人》解釋歷史事件的理論和概念主要來自演化生物學、疾病地理學、微生物學與免疫學。這種解釋模式，可明顯見諸書中所舉的一個例子：歐洲移民將兔子引進澳洲，在當地因為天敵不多而大量繁殖，造成生態災難。後來有人從巴西引進一種兔子的病毒，是澳洲的兔子過去所未曾接觸過的，結果澳洲兔子族群數量開始快速減少，這樣的現象持續了到五、六代之後，澳洲兔子族群數量才穩定。麥可尼爾依此反過來推論人類的新興疾病，他舉了歷史上很多重大疫情為例，認為自新疾病的流行開始，也都是差不多要歷時五、六代之後，人跟寄生蟲、人的免疫力跟新的傳染病，才開始取得一種平衡。

麥克尼爾這樣的論點，可以連結上另一個理論概念，那就是達爾文（Charles Robert Darwin, 1809-1882）的天擇（natural selection）。一群人之所以能征服另外一群人，因為前者對傳染病的免疫力較強、較能適應環境。這樣的現象也可用適者生存的說法來概括。然而，麥克尼爾並沒有這樣做，也沒有引用達爾文的天擇說來闡述他所分析的歷史現象。二十世紀初期的社會達爾文主義，包括納粹的種族學說與種族滅絕政策，使得學者對於使用天擇這樣的概念來解釋族群衝突十分敏感，因為這會像是種族主義的論點。這或許是原因之一。另一方面，他同樣用瘟疫來解釋中國漢朝與古希臘雅典的衰敗，並沒有因為種族或東西方的不同而差別看待。然而，麥克尼爾與克羅斯比這類生態史研究究竟有怎樣的道德與政治意涵，在歷史學界仍成為批評與爭論的焦點。

六、微型與巨型的寄生蟲

麥克尼爾另一個有趣的概念是巨寄生蟲的類比。他說人類社會都要達到一種平衡，就是巨寄生蟲跟微寄生蟲的平衡，微寄生蟲我們前面講過，

每次出現一種新的疾病，就有可能引發嚴重的疫情而導致人口減少，直到有一天人類發展出免疫力而和這個疾病達到一種平衡。即便如此，每年還是有人會生病，罹病者當中仍有某個比例的人數會死掉，然而整個族群還是可以穩定繁衍。

除了《瘟疫與人》書中所舉的史例之外，即便現在，我們還是可以看到一些這樣的例子。例如非洲盛行的惡性瘧疾，是當地很重要的疾病，每年約造成五十多萬人死亡，稍早的死亡人數還可以高達每年一百多萬人，現在因為各種預防的努力而稍有減少，但仍無法完全有效控制。惡性瘧疾在非洲的受害者大多是嬰幼兒，因蚊子叮咬得到惡性瘧疾，其中很多人會引發腦炎等嚴重症狀而死亡；至於活下來的人就有產生部分的免疫力，日後受到感染還是會發病，可是就沒那麼嚴重。十九世紀很多歐洲人剛到非洲流行惡性瘧疾的地方時，常說那裡是白人的墳墓，為什麼？因為跑到非洲去探險的那些歐洲人都是成年人，一輩子從來沒有接觸到惡性瘧疾或黃熱病，第一次被感染上死亡率非常高；所以這是跟哥倫布等歐洲人到新大陸的狀況相反。

你可以說非洲人和瘧原蟲這種微寄生蟲已經取得某種平衡了。非洲每年因為惡性瘧疾而死很多人，可是大部分成年人的部分免疫力還可以應付這樣的疾病，雖然健康仍會受損，但至少大部分人不至於死亡。麥可尼爾也提到鐮刀型紅血球貧血的例子。非洲有很多鐮刀型貧血症，這是種遺傳性疾病，罹患者比較虛弱可是不容易感染惡性瘧疾，這是因為罹患鐮刀型貧血的患者，紅血球血紅素的結構有所改變，導致攻擊紅血球的瘧原蟲不易感染。結果反而讓遺傳到這樣基因的人，在惡性瘧疾盛行的非洲有了某種生存優勢。

除了微生物寄生蟲之外，麥克尼爾認為還有巨寄生蟲。他指出，人類最大的天敵不是食人猛獸，也不是會引發可怕傳染病的病毒細菌，而是人類。人類會使用工具之後，獅子老虎都不是對手了。那誰會大量的消滅人類？只有人類。人類殺害人類的手段之一是戰爭，但還有一種間接殺害其他人類的手段，那就是剝削。例如朝廷抽很高的稅，導致人民變窮、營養

不良，就容易得病死掉；或者外來的征服者每年要求納貢，或是地主向佃農抽很高的佃租，都可能導致大多數人民營養不良、身體不佳，即使生很多小孩也大多會夭折。這就是麥克尼爾所謂的巨型寄生現象。大型的寄生蟲就是人，吸收榨取其他人的生計。麥可尼爾也用寄生蟲的比喻，來解釋現代國家的興起。他認為歐亞大陸之間需要貿易，但是巨寄生蟲會互相搶掠，所以綠洲居民跟遊牧民族要結合在一起，建立保鑣制度，於是形成最早的政治組織。

麥克尼爾在討論歐洲征服美洲等例子時，也使用了「消化」這個生理學的比喻。大的寄生蟲把其他生命吃掉，像歐洲人跑到美洲或其他地方殖民，殺害大量當地原住民族群，殘存者則遭到同化，原本的政治組織與宗教、文化都遭到摧殘破壞乃至消滅。麥克尼爾將此形容為一種消化現象。麥克尼爾認為歷史上的戰爭與征服很少是為了有意進行種族屠殺而把對方都殺光，類似希特勒刻意消滅猶太人這樣的作為是很罕見的例子。歷史上許多的征服，確實會造成戰敗社會中大部分人死亡，但少部分人會遭到同化而成為社會底層的勞動力來源，淪為工人或佃農這樣的窮人。麥克尼爾說這就好像文明之間的吞噬，強勢文明將弱勢文明吞吃消化掉。麥可尼爾用「消化」來指稱不同文明之間征服與融合的關係，是一種很生物學的比喻。

使用生物學比喻來討論歷史有其利弊。一方面這樣的說法不只生動，有時在分析上似乎也很有用。法國科技研究（Science and Technology Studies, STS）大師拉圖（Bruno Latour）在《巴斯德的實驗室：細菌的戰爭與和平》（*Pasteur: Guerre et Paix des Microbes*）這本書，就引用了巨寄生蟲與微寄生蟲的說法。又例如，我們可借用麥克尼爾的比喻來分析當代臺灣的現象。有時我們會聽到「收租放貸階級」這個名詞。就臺灣目前的現況來說，炒作土地的建商、五鬼搬運出了問題又要用納稅人去救的金融機構，以及對此加以包庇縱容乃至貪污的政府官員，就是現代社會的寄生蟲，用麥克尼爾的話來比喻，就是吸我們的血的巨型寄生蟲。在臺灣，房地產炒作到年輕人難以定居、資本家與政府聯手壓低受薪階級的工資，

玖　重讀《瘟疫與人》——疾病史研究的回顧

151

而導致年輕人不敢生小孩，因為養小孩太貴且買不起房，導致少子化引發社會危機。財團與金權政治可說比任何毒蛇猛獸或傳染病還更有效地減低臺灣人口，所以是掠食臺灣人以自肥的巨型寄生蟲。但另一方面，這種說法也可能有其危險，那就是將戰爭與征服這種人為的刻意行動，看成是種自然定律般的必然現象，進而使得當事者似乎免除了做出決定的道德責任。

七、生態、疾病與亞洲文明

　　麥克尼爾強調過去的歷史學者往往忽略疾病在人類歷史中扮演了重要角色，他認為疾病不只造就了征服美洲這般改變世界歷史的重大事件，甚至還形塑世界上各主要文明的特徵，其重要性可說無與倫比。書中可以讀到很多這類的看法，比如麥克尼爾解釋法老王的興起，認為這種大型的獨裁制度是以農民的勞苦病弱為基礎。他宣稱埃及農民在田地裡耕田，而當地有血吸蟲，結果導致許多埃及人在田間罹患了血吸蟲病。得血吸蟲病的人就會虛弱無力，耕作完就懶洋洋根本無力反抗。相對地，法老王、貴族以及他們的軍隊不用耕種，罹患血吸蟲病的機率就小很多，所以比較強壯。農民無力反抗帝王及其軍隊，只能乖乖順從接受剝削，這就有助於中央集權的專制制度興起。

　　血吸蟲在中國也很盛行，因此麥克尼爾認為血吸蟲是帝制興起的重要條件。麥克尼爾甚至用寄生蟲因素來解釋為何非洲會地廣人稀。過去非洲的人口一直不多，麥克尼爾認為雖然奴隸貿易可能是導致非洲人口外流的原因之一，但他也認為非洲當地傳染昏睡病的采采蠅是更重要的因素。昏睡病是錐蟲這種微生物感染所引起的致命疾病，也是種人畜共通疾病，因為錐蟲天然的宿主是一些野生動物，但野生動物感染錐蟲通常不會死亡。如此一來，野生動物與采采蠅的分佈，就限制了人類的遷徙範圍，導致非洲地廣人稀。

　　《瘟疫與人》也討論了印度與中國。麥克尼爾認為，漢人興起於中國北方，向南擴張起初遭遇到很大阻礙，因為南方較為潮濕溫暖有很多疾

病。他認為這解釋了為何長江流域的耕種條件比黃河流域好很多，漢人卻很晚才進入，就是因為受到疾病的限制。印度也有類似的南北差距，造成印度往南擴張的困難。麥克尼爾甚至以此來解釋印度的種姓制度，宣稱北邊的征服者碰到南邊住在叢林山上的族群，就很容易染病，所以覺得這些人是污穢骯髒的，必須遠離他；南方人也覺得征服者是壞人，必須遠離，後來就發展出種姓制度。

《瘟疫與人》也用疾病與環境因素來解釋特定宗教的興起，例如佛教跟印度教在印度的盛行，是因為即使在王朝統一的時候，印度也還很不穩定，由於該區域很多環境都是溫暖潮濕的，疾病很多，導致印度的農民同時要應付巨寄生蟲跟微寄生蟲——所謂微寄生蟲就是潮濕溫暖環境下繁多的微生物帶來的疾病；巨寄生蟲就是向農民徵稅的朝廷、剝削低階種姓的高階種姓。印度農民辛苦耕種所餘不多，還要應付這些需索，所以過得很苦很窮，但是又翻不了身。因此印度教與佛教這類宗教都是教導信眾捨棄慾望，強調人世無常、此生並不重要。麥克尼爾宣稱這類宗教最適合印度農民這種絕望、翻不了身的人，可以提供他們一些精神慰藉。因此，生態環境或疾病環境與其所產生的宗教之教義是密切相關的。

麥克尼爾還認為中國從秦到漢，人跟微寄生蟲取得一個平衡，也建立一個穩定的巨寄生蟲（皇朝），秦漢時期的環境除了足夠餵養人口與巨型寄生蟲的生存，還有相當盈餘繳納給統治者，才有辦法修築堤防、疏濬黃河，處理灌溉系統。所以這時中國產生出來的宗教是儒教，強調要節制君主、統治者不要過分剝削人民，仁民愛物、中庸之道有助於維護巨寄生蟲跟微寄生蟲的平衡。可是到了漢代末年有新的疾病出現，麥克尼爾認為這是因為漢朝擴張，開始經由中亞跟東羅馬帝國接觸，導致新的傳染病傳入，引發很大的疫情，造成漢帝國的覆滅。麥克尼爾宣稱，宣揚此生無常的佛教就在這困苦動亂的時期在中國開始流行。直到宋代，寄生關係在中國又達成平衡，於是儒家又再度興起，那就是吸收了佛家的一些抽象概念的新儒家。

研究中國思想史與宗教史的學者，大概會認為上述論點大而不當且過

度簡化，例如，在東漢更爲重要的道教，麥克尼爾卻隻字不談。但以此方式解釋主要文明的大歷史，正是《瘟疫與人》這本書的特色。

八、傳染病與歐洲文明

麥克尼爾除了鐵口直斷環境與疾病如何造就或覆滅各個大型的古代文明之外，《瘟疫與人》也處理到疾病史的一些特定課題，包括梅毒在歐洲的出現與痲瘋在歐洲的消失。

歐洲中世紀也有不少關於痲瘋的記載，歷史學者認爲這個名稱可能包含了眞正的痲瘋，以及某些會嚴重影響病人外觀的皮膚病。中世紀結束後痲瘋在歐洲大部分地區消失，其原因學者有不同的說法。一說是瘟疫帶來大量死亡，歐洲人口變得稀少，人際接觸也減少，而痲瘋的傳染力很低，需要密集接觸才會傳染，因此黑死病之後痲瘋就消失了。另外一種解釋是痲瘋和結核病是由很類似的桿菌所引起，歐洲在中世紀晚期都市化，帶來結核病的興起，這兩種疾病有著生態競爭關係，結核桿菌佔了優勢，痲瘋就遭到淘汰掉。這就好像兩個物種在競爭，然後適者生存一樣。

這兩種說法麥克尼爾都不接受，他的解釋是瘟疫發生後，恰逢歐洲綿羊產量增加，羊毛供應充裕。在此之前歐洲氣候很冷，一般人衣服不夠，所以冬天全家人擠在一起取暖，導致皮膚病很容易傳染。可是羊毛生產增加之後，大多數人就有衣服穿，就不再需要抱在一起取暖，而且穿了衣服之後皮膚的接觸減少，因此這些傳染病就變少了。麥克尼爾認爲這是痲瘋病在歐洲大部分地方消失的原因；只有在北歐挪威，因爲氣候實在寒冷，人們還是常常會抱在一起取暖，所以還有痲瘋病存在。

梅毒是近代初期（early modern period）才出現在歐洲的疾病，研究梅毒史的學者有不少人認爲這個疾病是在哥倫布航行到新大陸之後，歐洲才陸續出現關於梅毒的記載，因此梅毒可能原本是美洲的疾病，前往美洲的歐洲水手跟當地原住民女性發生性關係（這點有相關的歷史記載），而把這個疾病帶回歐洲。可是麥克尼爾不同意這樣的說法，在《瘟疫與人》提出另一解釋。他指出二十世紀初細菌學研究發現引起梅毒的微生物跟

在非洲引起莓疹病（yaws）的病原十分相似。莓疹病會經由皮膚接觸傳染，患者會長瘡。麥克尼爾宣稱細菌學檢測分不出莓疹病跟梅毒的病原有什麼差別，兩者非常相似或根本就是同一種的病原。

麥克尼爾宣稱，此一病原以前的傳染途徑就是皮膚的接觸，和痲瘋一樣，人常常抱在一起就容易得病。所以歐洲早就有這種疾病了。然而就像痲瘋一樣，羊毛衣容易取得之後很多人不再這樣取暖，所以痲瘋消失了。可是梅毒還有另一個傳播的途徑，就是透過性行為來傳染，性行為傳染的梅毒取代了皮膚接觸傳染的莓疹病，但兩者其實是同一種病原引起的。性行為傳染的梅毒所引起的疾病嚴重很多，也就是我們今天所知的梅毒。麥克尼爾宣稱梅毒興起後，人類宿主也是經歷五、六代才和病原取得平衡，因此早期的梅毒致死率非常高，要到十八世紀才下降。

上述論點都十分有趣而驚人，某方面來說，好像也言之成理。然而，這些說法也都具有高度猜測性質，雖然它們是借助現代醫學所做的推論，但由於無法對歷史上的患者採集檢體來做顯微鏡檢查或細菌培養，所以這些說法也無法檢證。《瘟疫與人》絕大多數的敘述與論點都是如此，這是這本書內容既吸引人又啟人疑竇之處。

九、生物史的史料證據問題

上述的推論，由於借用不少現代生物學與醫學的理論、術語和概念，因此有種科學的外觀和色彩，似乎是建立在紮實的自然科學知識之上。然而，仔細檢視會發現，這些推論所立足的原始資料並不是那麼牢靠。畢竟透過歷史記載來探討疾病，和對當下正在發生的疫情進行研究，還是有很大的差別，史學家無法當場做流行病學調查，也不能進行微生物學的檢驗，只能根據有限的史料進行推測。然而，以現代科學的標準來看，過去的史料往往記載含糊不清，無法排除遺漏或錯誤，甚至記錄者由於抱持和現代醫學大不相同的醫學理論，觀察和關心的重點也和生物醫學完全不同。推論要能符合現代醫學、生物學的科學要求，史料的限制就會帶來很大的困難。

歐洲中世紀的瘟疫是一個例子。這是個重要的歷史議題，留下的史料不少，醫學史的相關研究也很多。《瘟疫與人》仔細討論了歐洲發生瘟疫跟蒙古征服打通歐亞大陸有關的說法。麥克尼爾認爲，鼠疫一開始很可能有兩個原生的地區，一個是在非洲的草原，一個是在中國與印度交界的喜馬拉雅山山麓，這些地方棲息地底下的齧齒類動物是鼠疫桿菌的宿主，而且已經對此一疾病具有某種層度的免疫力，罹患鼠疫就像人類小孩子得水痘一樣，不是太嚴重的疾病。可是如果鼠疫發生跨物種傳染，讓人類感染這個疾病，就會帶來人類大量的死亡。麥克尼爾指出，因爲十九世紀末有一場大的鼠疫疫情是從雲南往香港傳播，所以研究鼠疫的學者就猜測中世紀黑死病乃起因於蒙古人攻打雲南，老鼠與跳蚤隨著蒙古部隊傳到中亞。

　　確實有些歷史事件似乎支持這樣的說法，例如蒙古人圍攻克里米亞的一個城市時，當地發生瘟疫導致蒙古退兵。麥克尼爾雖然認爲這個解釋有不少困難，但他相信確實是蒙古人把鼠疫的病菌帶到中亞北邊的草原，不過他也注意到時間點有些差池，因爲蒙古人打到雲南那是十三世紀，可是歐洲要等到一百多年後才發生黑死病，麥克尼爾認爲兩者若有因果關係，時間上不太可能隔那麼久。這該如何解釋呢？細心的讀者其實可以看出《瘟疫與人》這一章在解釋上遭遇到相當困難。

　　這種史料解釋的問題與漏洞，使得《瘟疫與人》遭到一些歷史學者嚴厲的批評。例如，英國醫學史學者大衛・阿諾（David Arnold）在1996年出版的《自然的問題》（*The Problem of Nature*）一書，認爲麥克尼爾對於黑死病與蒙古帝國擴張兩者關係的解釋大多只是基於猜測。阿諾提出許多的質疑，例如，鼠疫眞的是中國雲南帶到非洲的嗎？那是不是十四世紀中亞的老鼠，會不會已經有鼠疫了？會不會是氣候變遷導致老鼠遷移而不是軍隊帶過去的？歷史記載中國在1330年跟1340年代有大批人死於瘟疫，是不是眞的是死於鼠疫？還是死於其他的傳染病？鼠疫到底是從地中海傳到黑海？或是從中亞傳到黑海？還是從印度與中東傳過去歐洲？這些問題都很難有答案，這是研究生態史的一個困難，因爲歷史記載很片斷。其實麥克尼爾也不是完全沒有注意到這樣的問題，畢竟中國歷史對於死亡

人數十分不精確，往往用死者十有八九、死者數以萬計之類的形容來強調疫情之嚴重，單憑這樣的歷史文字實在無法對疫情造成的死亡人數做精確的估算。

十、疾病社會史 vs. 疾病生態史

如果不從現代醫學的知識來解釋過去的疾病及其衝擊，那要用何種方式來研究疾病史？

近年歷史學界較為盛行的是疾病的社會史與文化史，這類研究的重點不在於用現代醫學的概念來解釋歷史上的疾病，也不僅限於單面向地討論疾病對歷史的影響，反而更重視社會文化、政治經濟與宗教信仰如何形塑當時的人對疾病的瞭解與反應。

舉牛津大學醫學史學者馬克‧哈里森（Mark Harrison）2004年出版的《疾病與現代世界》（*Disease and the Modern World: 1500 to the Present Day*）一書為例。哈里森在討論中世紀的瘟疫時，並沒有太過琢磨其流行病學與病理學上的特性，而把重點放在當時社會的反應，包括醫學界如何以體液學說或天象異變來解釋疫病的發生；教會又是如何將此一疾病視為上帝對不虔誠的社會感到不悅與懲罰，進而推動各種懺悔的儀式。另一方面，哈里森更強調地中海的城邦政府為了因應瘟疫的威脅，而推動一系列防疫措施，如設立醫院和瘟疫隔離所、減少監獄擁擠狀況、規定污物清理與屍體下葬的方式、改善城市公共衛生等等。最重要的是這些以貿易為經濟命脈的城邦，為了防止瘟疫的傳播而創立了針對外來旅客與貨物的檢疫制度。麥克尼爾不是不知道瘟疫期間所出現的這些改革，但對這些新興措施與制度的評價不高，認為無法對遏止疾病的蔓延產生多大效果。對哈里森而言，重點不僅在於這些措施實施的效果如何（雖然這也很重要），而在於這些措施是現代公共衛生的濫觴，政府在瘟疫的壓力下首度大力介入干預醫療衛生事務，更為現代國家的興起鋪路。

另一方面，有些醫學史學者基於知識論的考量，基本上就反對用現代的疾病範疇與疾病知識來解釋過去的疾病，認為應該將疾病放在歷史脈絡

中理解，不需要訴諸回溯診斷（retrospective diagnosis）來斷定史書所記載的疾病究竟是現代生物醫學所界定的何種疾病。

　　例如，英國醫學史學者康寧漢（Andrew Cunningham），就反對以現代的「鼠疫」概念來解釋中世紀的「瘟疫」、「黑死病」。他認為一方面中世紀有關瘟疫的描述與記載，都是透過當時的醫學學說或是常民知識來觀察與記述，戴上當時知識眼鏡所進行的觀察與記錄，原本就不同於現代眼光之所見。以這樣的資料作為診斷的基礎，容易出現失誤。另一方面，如前所述，對現代醫學而言，要知道一個病人得的是不是鼠疫，唯一能夠真正進行確認的方法是靠實驗室的細菌學檢驗（今天絕大多數疾病都是要靠實驗室的檢驗來確定其診斷）；換言之，細菌學的到來改變了「瘟疫」（plague）的「身分」（identity）。現代所謂的「鼠疫」是由實驗室來界定的，到頭來唯一能決定一個疾病是不是鼠疫的辦法，就是訴諸實驗室的細菌學檢驗。既然中世紀的醫師或現在的歷史學家不可能去對中世紀記載的「瘟疫」做細菌學的檢驗，那也就不可能去確認史料所載的疾病是不是現代醫學界定下的「鼠疫」，因此歷史學者就不能把「鼠疫」這個現代的「疾病身分」套到中世紀「黑死病」的身上。在這種情況下，用現代的鼠疫概念來談論古代的黑死病基本上是非歷史的（ahistorical）、是時空錯亂的（anachronistic）。歷史學者可以解釋當時的醫學理論是如何分類與理解疾病，並探討當時人治療疾病的方式，也可以討論疾病對社會與經濟乃至政治的衝擊，或是分析疾病所具有的性別意涵、宗教意義或文化象徵等等；但是不應該訴諸現代醫學理論來做回溯診斷，乃至根據回溯診斷以及當代對此一疾病的理解進一步做歷史推論。《瘟疫與人》就犯了這樣的錯誤。

　　不過，正如哈里森所指出，學者如果採取這樣徹底懷疑的態度，認為不同歷史時期、不同文化所描述記載的疾病絕對無法對應到今天的疾病分類，那麼就不可能進行任何長時段、大地理範圍的疾病史研究，更遑論進行跨文化的比較研究。換句話說，要不要做回溯診斷以及進行疾病生態史的推論，需要看探討的是何種議題而定。如果學者追問的是社會文化與醫

學理論如何影響對疾病的認識與治療，那當然不需要借助現代醫學來做回溯診斷。但如果要宏觀了解生態、經濟與長時程歷史的關係，仍舊是無可避免在某種程度上透過現代科學知識來揣摩當時的疾病種類。在《疾病與現代世界》這本書中，哈里森認為執著於這類方法論與知識論的爭議是沒有益處的，疾病史的研究應該要「百花齊放」。

《瘟疫與人》涉及的另一個爭議問題是史觀。例如，這本書是否以環境決定論或地理決定論的觀點來解釋人類歷史？阿諾在《自然的問題》一書中指出，西方歷史上的環境思想至少可區分出三種基本立場：「環境決定論」的立場認為地理、氣候乃至各種天災決定了當地人類社會的營生方式、文化型態、社會組織與政治制度。另一種則是阿諾所謂的「可能論」，此一立場的學者認為人類社會只有在某些面向以及在某種程度上受到環境的影響，而且隨著文明的日益進步，環境對人類社會的影響也就越來越小。第三種立場可說從第二種立場衍生出來的，它反過來強調人類社會對環境所造成的重大影響。例如近年來各種環境論述所強調的不再是環境對人類社會起的決定作用，而是人類社會所進行的各種開發與生產活動對環境的污染與影響。近年有關人類使用化石燃料導致氣候變遷的討論，可說是第三種立場的代表。

從這樣的分類來閱讀《瘟疫與人》，尤其是本文之前所討論的書中主要論點，可能會覺得這是本環境決定論的典型著作。然而，《瘟疫與人》最後一章〈近代醫學大放異彩〉卻一反全書之前的基調，強調疫苗與公共衛生如何改變疾病對人類社會的影響，似乎麥克尼爾的史觀其實是「可能論」。儘管如此，阿諾仍批評克羅斯比與麥克尼爾的歷史解釋正當化了過去歐洲的帝國主義行為，把歐洲人征服新世界描述得像是個生物學過程，把殖民主義說成是自然的現象；換言之，這樣的歷史是將宰制給自然化了。阿諾指出社會與文化因素在這過程中也扮演了重要的角色。阿諾不否認疾病對美洲人口的劇減有重要影響，但他強調其他人為因素也發揮強大的作用。西班牙人對印地安人的殘酷壓迫早被許多史料與研究所證實。中世紀歐洲在黑死病肆虐之後還能夠調養生息，讓人口恢復，但西班牙殖民

者的暴虐剝削卻使得美洲原住民沒有這樣的機會。如果把中世紀的瘟疫跟與歐洲人帶到美洲的疾病做比較對照，則歐洲社會從疫病的重大打擊下恢復，並沒有喪失自身的認同與文化；但美洲原住民則沒有這樣的機會，他們因為歐洲的殖民壓迫剝削而無法復興。因此，一個社會在受到疫病衝擊之後會如何發展，不能只以疾病的死亡率來加以解釋，克羅斯比和麥克尼爾的論點不只以偏概全，而且等於是藉由誇大環境生態的影響來為歐洲殖民主義辯護。

阿諾這樣的批評是否公允，就請閱讀《瘟疫與人》等書的讀者自行判斷了。

十一、結語

麥克尼爾不是第一位強調生態環境因素的歷史學者，本文之前提到的美國歷史學者克羅斯比除了《哥倫布大交換》之外，後來又進一步寫了《生態帝國主義》（*Ecological Imperialism: The Biological Expansion of Europe, 900-1900*, 1986）這本書。這樣的研究取向也不乏後繼者，之前提到戴蒙的《槍炮、病菌與鋼鐵》一書，有些推論的前提與論證和《瘟疫與人》頗為相似。有趣的是，《紐約書評》（*New York Review of Books*）在1997年5月15日刊出了麥克尼爾針對《槍炮、病菌與鋼鐵》所寫的書評，文中批評戴蒙太過強調環境因素的影響，忽略了「文化的自主性」，麥克尼爾尤其不滿意戴蒙透過久遠前歐亞大陸因馴服較多動植物物種、在食物生產上取得的優勢，來解釋不同區域發展的差異，而忽略了人類有意識的行動是可以超越環境限制的。換言之，麥克尼爾嚴厲的批評戴蒙的《槍炮、病菌與鋼鐵》太過強調生態決定論或地理環境決定論，而忽略了人類的行動力與文化的重要性。

《瘟疫與人》的讀者在看到麥克尼爾提出這樣的評論，應該會十分驚訝，因為這恰好是《瘟疫與人》常常受到的批評，例如阿諾的批評就是如此。我們不知道從出版《瘟疫與人》到寫作這篇書評之間，麥克尼爾的史學觀點出現了怎樣的轉折，或許他的想法在漫長的學術生涯中有所改變，

也或許學界對《瘟疫與人》的批評使他有所反省修正，又或許麥可尼爾對人類大歷史的看法，不能只看《瘟疫與人》一本書，而是要考量他數量頗豐的整體著作。

另一方面，比較《瘟疫與人》與《槍炮、病菌與鋼鐵》兩書，大多數讀者應該會認為後者的資料更豐富、科學資訊比較新且引用更為嚴謹，論證也較為細膩。當然，戴蒙本身是一位生物學者，科學訓練應該比麥克尼爾更扎實，再加上他的書更晚寫成，可以使用更多新的科學研究成果，包括新的生物地理學調查，新的地質學和古生物學的發現，乃至新的人類學研究成果。在研究資料上就佔了上風。這點或許是生態史與環境史研究與其他史學領域的一大差別。

其他的史學領域如社會史、政治史、文化史與藝術史等，即便新的著作可以使用更多晚近的研究成果，但某些舊的經典著作的價值仍歷久彌新，不管是布勞岱爾（Fernand Braudel, 1902-1985）的年鑑學派大歷史、湯普森（E. P. Thompson, 1924-1993）的勞工史或是金士伯格（Carlo Ginzburg）的微觀史，他們的經典名著在數十年後，仍舊擁有原創價值，仍是該領域的學者和學生所必讀的著作。另一方面，學習科學的人都知道，科學的著作往往是念新不念舊，除非出於歷史興趣，否則大多數領域在學習科學新知時，通常是不會去閱讀幾十年前的著作，即便該書是如何著名的經典。就這點而言，疾病生物史與環境史的著作，有時候更近似科學著作而非史學著作。

最後值得一提的是，麥克尼爾一家祖孫三代都是歷史學者。他的父親約翰（John McNeill）是位研究基督教史的學者；他的兒子約翰‧勞勃‧麥克尼爾（John Robert McNeill, 1954-）是位目前仍很活躍的傑出歷史學者，和乃父一樣專攻世界史與環境史，著有《太陽底下的新鮮事：20世紀的世界環境史》（*Something New Under the Sun: An Environmental History of the Twentieth-Century World*, 2001），更和父親威廉合寫了《文明之網：無國界的人類進化史》（*The Human Web: A Bird's-eye View of World History*, 2003）。這兩本書在臺灣都已有中譯本出版。約翰‧勞

勃‧麥克尼爾在史學上克紹箕裘，其疾病史研究也有很好的成績。約翰‧勞勃‧麥克尼爾在2010年出版的《蚊子帝國》（*Mosquito Empires: Ecology and War in the Greater Caribbean, 1620-1914*），探討黃熱病與瘧疾等病媒蚊傳播的熱帶疾病，如何影響英、法、西班牙等歐洲帝國在美洲的爭霸戰爭，進而塑造此地的歷史。《蚊子帝國》出版後獲得學界很大的好評，這本書的成就顯示《瘟疫與人》的內容在今天或許有些過時了，然而該書所開拓的研究途徑，在更細膩的研究與分析方式下仍可帶來可觀的史學成果。

延伸閱讀

〈歐洲擴張與生態決定論：大衛‧阿諾論環境史〉，李尚仁著，《當代》170 (2001)：18-29。

《醫療與帝國：從全球史看現代醫學的誕生》，普拉提克‧查克拉巴提（Pratik Chakrabarti）、李尚仁譯（臺北：左岸文化，2019）。

《科倫醫師吐真言：醫學爭議教我們的二三事》，哈利‧柯林斯（Harry Collins）、崔佛‧平區（Trevor Pinch）著、李尚仁譯（臺北：左岸文化，2016）。

《1491：重寫哥倫布前的美洲歷史》，查爾斯‧曼恩（Charles C. Mann）著、陳信宏譯（臺北：衛城，2016）。

《1493：物種大交換丈量的世界史》，查爾斯‧曼恩（Charles C. Mann）譯、黃煜文譯（臺北：衛城，2013）。

國家圖書館出版品預行編目資料

歷史：經典導讀／周樑楷等作；葉高樹主編.
－－初版.－－臺北市：五南，2019.06
　　面；　　公分
ISBN 978-957-763-417-7（平裝）

1.世界史

710　　　　　　　　　　　　　108006899

1XGN五南當代學術叢刊

歷史——經典導讀

主　　　編	葉高樹
策　　　畫	國立師範大學文學院
作　　　者	周樑楷、陳國棟、陳熙遠、陳正國、楊肅獻
	陳元朋、邱德亮、蔣竹山、李尚仁
總 顧 問	陳秋蘭
編輯委員	陳莉菁、陳怡君、曹惟理
發 行 人	楊榮川
總 經 理	楊士清
副總編輯	黃惠娟
責任編輯	蔡佳伶、高雅婷
校　　對	卓芳珣
封面設計	斐類設計
出 版 者	五南圖書出版股份有限公司
地　　址	106台北市大安區和平東路二段339號4樓
電　　話	(02)2705-5066　　傳　　真：(02)2706-6100
網　　址	http://www.wunan.com.tw
電子郵件	wunan@wunan.com.tw
劃撥帳號	19628053
戶　　名	五南圖書出版股份有限公司
法律顧問	林勝安律師事務所 林勝安律師
出版日期	2019年6月初版一刷
定　　價	新臺幣300元